MAESTRIA

ROBERT GREENE

MAESTRIA

EDIÇÃO CONCISA

Para Anna

Título original: *The Concise Mastery*
Copyright © 2014 por Robert Greene
Copyright da tradução © 2024 por GMT Editores Ltda.
Todos os direitos reservados. Nenhuma parte deste livro pode ser utilizada ou reproduzida sob quaisquer meios existentes sem autorização por escrito dos editores.

coordenação editorial: Juliana Souza
produção editorial: Carolina Vaz
tradução: Afonso Celso da Cunha Serra
preparo de originais: Melissa Lopes Leite
revisão: Guilherme Bernardo, Magda Tebet, Milena Vargas e Pedro Staite
capa: Maggie Payette
adaptação de capa e diagramação: Ana Paula Daudt Brandão
impressão e acabamento: Associação Religiosa Imprensa da Fé

CIP-BRASIL. CATALOGAÇÃO NA PUBLICAÇÃO
SINDICATO NACIONAL DOS EDITORES DE LIVROS, RJ

G831m

Greene, Robert, 1959-
　Maestria / Robert Greene ; tradução Afonso Celso da Cunha Serra. - 1. ed. - Rio de Janeiro : Sextante, 2024.
　176 p. ; 21 cm.

　Tradução de: The concise mastery
　"Edição concisa"
　ISBN 978-65-5564-903-1

　1. Pessoas de sucesso. 2. Sucesso. 3. Autorrealização (Psicologia). I. Serra, Afonso Celso da Cunha. II. Título.

24-91533
CDD: 158.1
CDU: 159.947.5

Meri Gleice Rodrigues de Souza - Bibliotecária - CRB-7/6439

Todos os direitos reservados, no Brasil, por
GMT Editores Ltda.
Rua Voluntários da Pátria, 45 – 14º andar – Botafogo
22270-000 – Rio de Janeiro – RJ
Tel.: (21) 2538-4100
E-mail: atendimento@sextante.com.br
www.sextante.com.br

Sumário

Introdução	7
A forma máxima de poder	7
Caminhos para a maestria	12
I. Descubra sua vocação: Sua Missão de Vida	19
A força oculta	20
Caminhos para a maestria	25
Estratégias para descobrir sua Missão de Vida	29
II. Submeta-se à realidade: A aprendizagem ideal	35
A primeira transformação	36
Caminhos para a maestria	43
A fase de aprendizagem – Os três passos ou modos	46
Estratégias para completar a aprendizagem ideal	55
III. Incorpore o poder do Mestre: A dinâmica do mentor	65
A alquimia do conhecimento	66
Caminhos para a maestria	74
Estratégias para aprofundar a dinâmica do mentor	79

IV. Veja as pessoas como realmente são: Inteligência social   85
    Pensar dentro   86
    Caminhos para a maestria   92
    Estratégias para a aquisição de inteligência social   102

V. Desperte a mente dimensional: A fase criativa-ativa   107
    A segunda transformação   108
    Caminhos para a maestria   115
        Armadilhas emocionais   135
    Estratégias para chegar à fase criativa-ativa   137

VI. Combine o intuitivo com o racional: Maestria   149
    A terceira transformação   150
    Caminhos para a maestria   157
    Estratégias para atingir a maestria   168

Introdução

A FORMA MÁXIMA DE PODER

A nossa sorte está em nossas próprias mãos, como está nas mãos do escultor a matéria-prima que ele converterá em obra de arte. Com essa atividade artística acontece o mesmo que com todas as outras: simplesmente nascemos com o potencial de fazê-lo. A habilidade para moldar o material no objeto almejado deve ser aprendida e cultivada com empenho.

– JOHANN WOLFGANG VON GOETHE,
escritor e pensador alemão

Existe uma forma de poder e de inteligência que representa o ápice do potencial humano. Ela é a fonte das maiores realizações e descobertas da história. Trata-se de algo que não é ensinado nas escolas nem analisado pelos professores, mas que quase todos nós, em algum momento, vislumbramos em nossa própria experiência. Essa força em geral nos ocorre em momentos de tensão – diante de um prazo prestes a expirar, da necessidade de resolver um problema urgente, de crises de toda espécie. Ou pode se manifestar como resultado do trabalho constante em um projeto. De um jeito ou de outro, pressionados pelas circunstâncias, nos sentimos inesperadamente energizados e focados. Nossa mente fica 100% absorvida pela tarefa à nossa frente. Essa concentração intensa desencadeia todos os tipos de ideia – insights que surgem quando estamos dormindo, como se viessem do nada, brotando do inconsciente. Nessas ocasiões, as outras pessoas parecem menos resistentes à nossa influência; talvez estejamos mais atentos a elas, ou, quem sabe, emanando algum poder especial que inspire respeito. É até possível que, em condições normais, passemos a vida na passividade, apenas reagindo a este ou àquele incidente, mas, nesses dias ou semanas incomuns, nós nos sentimos capazes de ditar os eventos e fazer as coisas acontecerem.

Poderíamos expressar esse poder da seguinte maneira: vivemos quase o tempo todo em um mundo interior de sonhos, desejos e pensamentos obsessivos. No entanto, nessas fases de criatividade excepcional, somos impelidos pela necessidade de fazer algo prático. Nós nos forçamos a sair de nossa concha, da segurança das ideias habituais, para nos conectarmos com o mundo. Nesses momentos, expostos a novos e súbitos detalhes e estímulos, nos tornamos mais inspirados e criativos.

Depois que cumprimos o prazo ou superamos a crise, esse sentimento de poder e de criatividade exacerbada quase sempre se esvai. Voltamos a nosso estado de dispersão e o senso de controle desaparece.

Infelizmente essa forma de poder e inteligência ou é ignorada como tema de estudo ou é cercada por todos os tipos de mito e equívoco, que servem apenas para acentuar o mistério. Imaginamos que a criatividade e o brilhantismo sejam frutos de talento natural ou, talvez, de um estado de espírito favorável ou do alinhamento das estrelas. Seria extremamente útil elucidar esse enigma – dar um nome a esse sentimento de poder e compreender como ele pode ser produzido e preservado.

Vamos chamar essa sensação de *maestria*: a sensação de que temos mais controle da realidade, das outras pessoas e de nós mesmos. Embora seja algo que experimentamos durante pouco tempo, para outras pessoas – Mestres em suas áreas de atuação – essa sensação se torna um estilo de vida, uma forma de ver o mundo. No âmago desse poder encontra-se um processo simples que leva à maestria – algo acessível a todos nós.

Esse processo pode ser ilustrado da seguinte maneira: vamos supor que estejamos aprendendo piano ou começando em um novo emprego, em que precisamos desenvolver certas habilidades. No começo, estranhamos a nova realidade. Nossas impressões iniciais do piano ou do ambiente de trabalho se baseiam em prejulgamentos e, em geral, contêm elementos de medo. Em nosso primeiro contato com o piano, o teclado parece um tanto intimidador – não compreendemos as relações entre as teclas, os acordes e os pedais, e tudo o mais que contribui para a criação da música. No novo emprego, não conhecemos as relações de poder entre as pessoas, o *modus operandi* do chefe, as regras e os procedimentos considerados fundamentais para o sucesso. Estamos confusos – o conhecimento de que precisamos em ambos os casos ainda é inacessível.

Mesmo que abordemos essas situações cheios de empolgação com o que podemos aprender ou fazer com nossas novas habilidades, logo percebemos como é difícil o trabalho a ser realizado. O grande perigo ocorre quando nos rendemos aos sentimentos de tédio, impaciência, medo e confusão. Paramos de observar e de aprender. O processo fica paralisado.

Se, por outro lado, controlamos essas emoções e deixamos que o tempo siga seu curso, algo notável começa a tomar forma. À medida que continuamos a observar e a seguir a orientação dos outros, passamos a enxergar com mais clareza, aprendendo as regras e percebendo como as coisas funcionam e se encaixam. Se seguimos praticando, conquistamos fluência; passamos a dominar as habilidades básicas, o que nos permite enfrentar desafios inéditos e mais interessantes.

A certa altura, evoluímos de estudantes a praticantes. Experimentamos nossas próprias ideias, recebendo um feedback valioso no processo. Usamos os conhecimentos em expansão de maneira cada vez mais criativa. Em vez de apenas aprender com os outros, contribuímos com estilo e individualidade próprios.

Com o passar do tempo e na medida em que perseveramos no processo, damos mais um salto – para a maestria. O teclado não é mais algo estranho, alheio. Nós o internalizamos e ele se torna parte de nosso sistema nervoso, como um prolongamento de nossos dedos. Em nossa carreira, agora nos tornamos sensíveis à dinâmica de grupo, ao verdadeiro funcionamento do negócio. Podemos aplicar essa sensibilidade às situações sociais, enxergando melhor as pessoas e prevendo suas reações. Podemos tomar decisões rápidas e altamente criativas. As ideias vêm com naturalidade. Aprendemos tão bem as regras que agora podemos transgredi-las e reescrevê-las.

No processo, que culmina com essa forma máxima de poder, podemos identificar três fases ou níveis distintos. A primeira é a *aprendizagem*; a segunda é a *criativa-ativa*; e a terceira é a *maestria*. Na primeira fase, ainda estamos fora de campo, aprendendo tanto quanto possível sobre elementos e regras básicas. Na segunda fase, por meio de muita prática e imersão, vemos o interior da máquina, como as coisas se conectam umas com as outras, e, portanto, ampliamos nossa compreensão do tema. Com isso, adquirimos um novo poder: a capacidade de experimentar e de atuar criativamente com os elementos componentes. Na terceira fase, nosso grau de conhecimento, experiência e foco é tão profundo que agora podemos ver a imagem completa com absoluta nitidez.

Podemos chamar esse poder de intuição; no entanto, a intuição nada mais é que a percepção repentina e imediata do que é real, sem necessidade de palavras ou fórmulas.

O poder da intuição no nível da maestria é uma combinação do instintivo e do racional, do consciente e do inconsciente, do humano e do animal. É nossa maneira de estabelecer conexões repentinas e poderosas com o ambiente, de sentir ou de pensar dentro das coisas. Na infância, ainda temos parte dessa capacidade e espontaneidade intuitivas, mas, em geral, perdemos essas faculdades devido a todas as informações que sobrecarregam nossa mente ao longo do tempo. Os Mestres vivem sob um estado semelhante ao dessa fase da vida, e suas obras exibem alto grau de naturalidade e de acessibilidade ao inconsciente, em níveis muito mais elevados que o da criança.

Se avançamos no processo até este ponto final, ativamos o poder intuitivo latente no cérebro humano, algo que talvez tenhamos experimentado por um breve momento, quando mergulhamos profundamente em um único problema ou projeto. Quando atingimos a maestria, a intuição é um poder sob nosso comando, produto de um processo mais longo.

Veja a maestria nos seguintes termos: ao longo da história, homens e mulheres se sentiram tolhidos pelas limitações de sua consciência, pela falta de contato com a realidade e pela incapacidade de impactar o mundo ao redor. Procuraram todos os tipos de atalho para a expansão de sua consciência e para o senso de controle; muitas vezes por meio de rituais mágicos, transes, feitiçarias e entorpecentes.

Essa ânsia pelo atalho mágico sobrevive até nossos dias, sob a forma de receitas simples de sucesso, segredos ancestrais finalmente desvendados, pelos quais uma simples mudança de atitude atrairia a energia certa. Todas essas pesquisas se concentram em algo que não existe – o caminho sem esforço para o poder prático, para a solução rápida e fácil, para o Eldorado da mente.

Ao mesmo tempo que se perdem nessas fantasias infindáveis, as pessoas também ignoram o único poder real que de fato possuem. E, ao contrário das frustrações resultantes das fórmulas mágicas simplistas, podemos ver os efeitos materiais desse poder na história – as grandes descobertas e invenções, as construções, esculturas e pinturas maravilhosas, as proezas tecnológicas e todas as obras das mentes magistrais. Esse poder proporciona a seus detentores a espécie de conexão com a realidade e a capacidade de alterar o mundo com que os místicos e mágicos do passado só podiam sonhar.

Com o avançar dos séculos, ergueu-se uma muralha ao redor dessa maestria. Passaram a chamá-la de genialidade e a considerá-la inacessível. Começou a ser vista como um dom especial, como um talento inato ou apenas como um produto do alinhamento favorável dos astros. Fizeram com que parecesse tão furtiva quanto a mágica. Mas a muralha é imaginária. Este é o verdadeiro segredo: o cérebro que a possui é produto de seis milhões de anos de desenvolvimento, e, mais que qualquer outra coisa, essa evolução do cérebro tem como finalidade nos levar à maestria, ao poder latente dentro de todos nós.

Caminhos para a maestria

Se todos nascemos com cérebros basicamente semelhantes entre si, que apresentam mais ou menos a mesma configuração e o mesmo potencial para a maestria, por que será que na história somente muito poucas pessoas parecem de fato se sobressair e alcançar esse potencial? Essa é a pergunta mais importante a ser respondida.

A explicação corriqueira para a existência de um Mozart ou de um Leonardo da Vinci gira em torno do talento natural e da inteligência. No entanto, milhares e milhares de crianças se destacam por habilidades e talentos excepcionais em alguma área, embora poucas acabem correspondendo às expectativas no futuro, ao passo que outras, aparentemente menos brilhantes na juventude, às vezes conseguem muito mais. Talento natural ou QI alto não explicam as realizações futuras.

Em vez disso, encontramos elementos básicos que se repetem na história de vida de todos os grandes Mestres: uma paixão ou predileção intensa na juventude, uma oportunidade fortuita que lhes permite explorá-la, uma fase de aprendizagem em que eles se destacam com energia e foco. Todos se distinguem pela capacidade de praticar com afinco e de avançar com rapidez, sempre em consequência do desejo intenso de aprender e do engajamento profundo no campo de estudo. No âmago desse esforço desmedido encontra-se, de fato, um atributo genético e inato – não talento nem brilhantismo, que é algo a ser desenvolvido, mas uma inclinação profunda e poderosa para determinado tema.

Tal propensão é reflexo da singularidade da pessoa. Esse caráter único não é algo meramente poético ou filosófico – é fato científico que, geneticamente, cada um de nós é único; nossa composição genética exata nunca aconteceu antes e jamais se repetirá, e se manifesta em nossas preferências inatas por determinados objetos de estudo ou atividades. Essas inclinações podem se voltar para a música ou a matemática, para certos esportes ou jogos, para a solução de problemas enigmáticos, para trabalhos manuais ou para o manejo das palavras, entre outros.

Os que se destacam pela maestria tardia experimentam essa inclinação com mais profundidade e clareza, como um chamado interior, que tende a dominar seus pensamentos e sonhos. Por acaso ou mero esforço, encontram o caminho para uma carreira em que essa aptidão pode florescer. Esse vínculo e esse anseio intensos lhes oferecem resistência para suportar a dor do processo – as dúvidas a respeito de si mesmo, as horas tediosas de estudo e prática, os retrocessos inevitáveis, as manifestações incessantes de inveja. Eles desenvolvem a resiliência e a confiança que faltam aos outros.

Em nossa cultura, tendemos a equiparar capacidade intelectual com sucesso e realização. Em muitos aspectos, porém, o que distingue os que dominam determinado campo de atuação daqueles que simplesmente trabalham na área é um atributo emocional. Nosso nível de desejo, paciência, persistência e confiança acaba contribuindo muito mais para o sucesso que a capacidade de raciocínio.

No passado, apenas a elite e aqueles com energia e impulso quase sobre-humanos conseguiam seguir e dominar a carreira de sua preferência. Um homem nascia no meio militar, ou era preparado para o governo, escolhido entre representantes da classe certa. Se, por acaso, demonstrasse talento e desejo pelo trabalho, essa compatibilidade não passava de mera coincidência. Milhões de pessoas que não eram parte da classe social apropriada, nem do gênero nem da etnia adequados, eram excluídas da possibilidade de expressar sua vocação. Mesmo que alguém quisesse seguir suas inclinações, o acesso às informações e aos conhecimentos pertinentes a certa área de atuação era controlado pelas elites. Esta é a razão de ter havido relativamente poucos Mestres no passado e de eles se destacarem tanto.

Essas barreiras sociais e políticas, no entanto, praticamente desapareceram. Hoje desfrutamos de um acesso à informação e ao conhecimento com que os Mestres do passado mal podiam sonhar. Agora, mais do que nunca, temos capacidade e liberdade para perseguir as inclinações que possuímos.

Embora estejamos passando por um momento histórico rico em oportunidades para alcançar a maestria, em que cada vez mais pessoas podem realizar suas inclinações, enfrentamos um último obstáculo para exercer esse poder, algo cultural e perigoso: o próprio conceito de maestria se deturpou ao se associar a atributos ultrapassados e até indesejáveis. Assim, a maestria deixou de ser algo a que aspirar.

Qualquer coisa que lembre disciplina ou esforço parece meticulosidade ou preciosismo ultrapassado: "Por que trabalhar tantos anos para alcançar a maestria se podemos ter tanto poder fazendo tão pouco esforço? A tecnologia resolverá tudo." Essa atitude passiva assumiu até uma posição moral: "A maestria e o poder são perversos; não passam de atributos das elites patriarcais."

Quem não se mantiver atento será contagiado de maneira imperceptível por essa atitude. Inconscientemente, você estreitará sua lista de objetivos possíveis de serem alcançados, reduzindo, em consequência, seus níveis de esforço e disciplina, ficando abaixo do ponto de eficácia. Ajustando-se às normas sociais, você ouvirá mais os outros que sua própria voz. Talvez escolha uma carreira com base nas recomendações dos amigos e dos pais, ou em função do que lhe pareça mais lucrativo. Se você se desvia de sua vocação interior, pode até ter algum sucesso na vida, mas acabará vítima de seu verdadeiro desejo. Seu trabalho se torna mecânico. Você passa a viver para o lazer e para prazeres imediatos. Assim, torna-se cada vez mais passivo e nunca avança além da primeira fase. Você pode ficar frustrado e deprimido, sem se dar conta de que a fonte de tudo isso é a não realização de seu potencial criativo.

Antes que seja tarde demais, é preciso encontrar o caminho para a concretização de suas inclinações, explorando as incríveis oportunidades da era em que você nasceu. Você deve se convencer do seguinte: as pessoas desenvolvem a mente e o cérebro que merecem por meio de suas ações na vida. Descobertas recentes da neurociência estão revogando crenças tradicionais de que o cérebro é constituído pela genética. Os cientistas estão demonstrando a extensão da plasticidade do cérebro – a maneira como nossos pensamentos determinam nosso panorama mental. Estão explorando a relação entre força de vontade e fisiologia, sondando a profundidade com que a mente pode afetar nossa saúde e nosso comportamento. É provável que ainda se descubra muito mais sobre a intensidade com que impregnamos vários padrões em nossa vida por meio de certas operações mentais – sobre como somos verdadeiramente responsáveis por grande parte do que acontece conosco.

As pessoas passivas criam um panorama mental um tanto árido. Em consequência de suas poucas experiências e iniciativas, todos os tipos de conexão do cérebro perecem por falta de uso. Para se opor à tendência de passividade dos tempos atuais, é preciso se empenhar para ver até que ponto é possível controlar as próprias circunstâncias e criar o tipo de mente almejada – não por meio de alucinógenos nem de medicamentos, mas em consequência da ação. Ao liberar a mente magistral oculta em seu âmago, você estará na vanguarda dos que exploram os limites estendidos da força de vontade humana.

◆

De muitas maneiras, o avanço de um nível de inteligência para outro pode ser considerado uma espécie de ritual de transformação. À medida que se progride, velhas ideias e pontos de vista se extinguem; à proporção que novos poderes são liberados, alcançam-se níveis mais elevados de visão do mundo. Use este livro como uma ferramenta inestimável para orientá-lo ao longo desse processo de transformação. Ao escrevê-lo, meu propósito foi conduzi-lo dos níveis mais baixos para os mais elevados.

Este livro se baseia em ampla pesquisa no âmbito das ciências neurológicas e cognitivas, em estudos sobre criatividade, assim como nas biografias de grandes Mestres da história e em entrevistas com Mestres contemporâneos.

Sua estrutura é simples. São seis capítulos, que avançam sequencialmente ao longo do processo. O Capítulo I é o ponto de partida – a descoberta de sua vocação, de sua Missão de Vida. Os Capítulos II, III e IV analisam diferentes elementos da fase de aprendizagem (habilidades de aprendizado, trabalho com mentores, aquisição de inteligência social). O Capítulo V é dedicado à fase criativa-ativa, e o Capítulo VI trata do objetivo derradeiro – a maestria. Cada capítulo começa com a história de uma figura icônica que exemplifica o conceito geral nele descrito. A seção seguinte, "Caminhos para a maestria", oferece uma análise minuciosa da fase em questão, apresenta ideias detalhadas sobre como aplicar esse conhecimento à sua realidade e descreve a mentalidade necessária para explorá-las plenamente. Em seguida, vem uma seção que destrincha as várias estratégias que você pode usar para avançar no processo. O objetivo delas é lhe proporcionar um senso mais aguçado das aplicações práticas das ideias deste livro.

Por fim, é importante não encarar esse processo de avanço para sucessivos níveis de inteligência como um percurso meramente linear, que leva ao destino final conhecido como maestria. Toda a sua vida é uma espécie de fase de aprendizagem, na qual você aplica sua capacidade de aprender. Tudo o que acontece em sua vida é um tipo de instrução, desde que você se mantenha atento. A criatividade que se desenvolve com o aprendizado profundo de uma habilidade deve ser revigorada o tempo todo, na medida em que você força sua mente a retornar a um estado de abertura. Mesmo o conhecimento de sua vocação deve ser revisto durante a vida, conforme as mudanças nas circunstâncias o obriguem a ajustar sua direção.

Ao progredir rumo à maestria, você estará aproximando sua mente da realidade e da vida em si. Qualquer coisa viva se encontra em um estado contínuo de mudança e movimento. No momento em que se descansa, supondo que se atingiu o nível almejado, parte da mente entra em fase de declínio. Perde-se a criatividade desenvolvida com tanto afinco, e os outros começam a perceber esse processo. A maestria é poder e inteligência a serem continuamente renovados, sob pena de perecerem.

I
Descubra sua vocação: Sua Missão de Vida

Você possui uma espécie de força interior que procura orientá-lo para a sua Missão de Vida – aquilo que deve realizar durante sua existência. Na infância, essa força é clara. Ela o orienta para as atividades e os temas mais compatíveis com suas inclinações naturais. Nos anos subsequentes, essa força tende a oscilar, à medida que você ouve mais os pais e os amigos. O primeiro passo para a maestria é sempre introspectivo – aprender quem você realmente é e se reconectar a essa força inata. O autoconhecimento o levará a descobrir seu caminho para a carreira mais adequada a você e permitirá que tudo o mais se encaixe.

A FORÇA OCULTA

No final de abril de 1519, depois de meses doente, o artista Leonardo da Vinci teve a certeza de que a morte o visitaria em poucos dias. Havia dois anos que Leonardo vivia no castelo de Cloux, na França, como hóspede pessoal do rei francês Francisco I. O rei lhe proporcionara dinheiro e honrarias, considerando-o a personificação do Renascimento italiano, que ele queria importar para a França. Leonardo fora muito útil para o monarca, aconselhando-o sobre todos os tipos de assunto importante. Mas agora, aos 67 anos, sua vida estava prestes a terminar e seus pensamentos se voltavam para outras coisas. Ele preparou seu testamento, comungou na igreja e retornou ao leito, à espera do fim iminente.

Enquanto aguardava o próprio fim, vários de seus amigos – inclusive o rei – o visitaram. Eles perceberam que Leonardo se mostrava reflexivo. Em geral ele não gostava de falar de si mesmo, mas, naquele momento, narrava as recordações de sua infância e juventude, insistindo no curso estranho e improvável de sua vida.

Leonardo sempre demonstrara forte sentimento de fatalismo e, durante anos, fora tomado de assalto pela seguinte questão: existe algum tipo de força interior que faz com que todos os seres vivos cresçam e se transformem? Se essa força existisse, ele queria descobri-la, e buscou indícios de suas manifestações em tudo que examinava. Era uma obsessão. Agora, em suas horas derradeiras, depois que os amigos o deixavam sozinho, certamente a mesma dúvida retornava, de uma forma ou de outra, em relação ao enigma de sua própria vida, levando-o a procurar sinais de uma força ou sorte que determinara o desenrolar de sua existência e o orientara até o presente.

Leonardo teria começado essa busca primeiro refletindo sobre sua infância na comuna de Vinci, a uns 30 e poucos quilômetros de Florença. O pai dele, Piero da Vinci, era tabelião, um baluarte da poderosa burguesia. No entanto, como era filho ilegítimo, Leonardo não podia estudar na universidade nem exercer nenhuma profissão nobre. Sua escolaridade foi mínima, e, quando criança, ficava quase sempre sozinho. Gostava, acima de tudo, de caminhar pelos bosques de oliveiras, nos arredores de Vinci, ou de seguir trilhas que levavam a um trecho muito diferente da paisagem – uma floresta densa, cheia de javalis, onde cursos de água velozes formavam corredeiras, cisnes deslizavam nos lagos e flores silvestres cresciam nos penhascos, compondo uma biodiversidade tão rica que o encantava.

Um dia, esgueirando-se pelo escritório do pai, Leonardo surrupiou algumas folhas de papel – algo raro naqueles dias, mas, como tabelião, Piero tinha esse privilégio. O jovem levou-as em seu passeio pela floresta e, sentado em uma pedra, começou a esboçar as várias paisagens ao redor. Voltou inúmeras vezes para repetir o exercício; mesmo quando o tempo não estava bom, ele se acomodava em algum tipo de abrigo e desenhava. Não teve professores, nem pinturas a observar; fazia tudo a olho nu, com a natureza como modelo. E constatou que, ao desenhar o que via, tinha que observar os objetos com muito mais atenção e captar os detalhes que lhes davam vida.

Certa vez, desenhou uma íris branca e, ao fitá-la bem de perto, ficou impressionado com sua forma peculiar. A íris começava como semente e então evoluía por vários estágios, cada um dos quais ele retratou ao longo de alguns anos. O que levava aquela planta a se desenvolver em sucessivas fases, que culminavam naquela forma irradiante, tão diferente de qualquer outra? Talvez ela possuísse alguma força para impulsioná-la por todas essas transformações. Esse questionamento o impeliu a refletir sobre a metamorfose das flores durante anos a fio.

Sozinho em seu leito de morte, Leonardo teria retornado a seus primeiros anos como aprendiz, no estúdio do artista florentino Andrea del Verrocchio, onde fora admitido aos 14 anos por conta da qualidade extraordinária de seus desenhos. Verrocchio instruía seus aprendizes em todas as ciências necessárias à execução dos trabalhos do estúdio – engenharia, mecânica, química e metalurgia. O pupilo demonstrou ânsia por aprender todas essas disciplinas, mas logo descobriu em seu âmago algo diferente: ele não conseguia se limitar a executar uma tarefa; precisava conferir-lhe um atributo pessoal, que a tornasse algo característico dele próprio; tinha que inventar, em vez de apenas imitar o Mestre.

Uma vez, como parte de suas incumbências no estúdio, pediram-lhe que pintasse um anjo em uma cena bíblica ampla, concebida por Verrocchio. Ao realizar a tarefa, decidiu que daria vida ao personagem à sua maneira. No primeiro plano, diante do anjo, pintou um canteiro de flores, mas, em vez de um conjunto de plantas usuais, Leonardo desenhou os espécimes que havia estudado com tanta minúcia quando criança, atribuindo-lhes um rigor científico nunca visto. Para retratar a face do anjo, ele experimentou e combinou as tintas numa mistura que lhe conferiu uma radiância suave, transmitindo um ar sublime. No intuito de captar esse sentimento, Leonardo passara horas numa igreja local, observando o semblante de pessoas comuns, imersas em preces fervorosas, até deparar com um jovem cuja expressão inspirou a do seu personagem pictórico. Por fim, ele resolveu que seria o primeiro artista a criar asas angelicais realistas.

Para realizar esse propósito, ele foi ao mercado e comprou várias aves. Passou horas desenhando suas asas, reproduzindo com exatidão a maneira como se ligavam ao corpo. Seu intuito era criar a sensação de que as asas haviam crescido organicamente dos ombros dos anjos e que os levaria a alçar voo a qualquer momento. Como sempre, Leonardo foi além. Depois desse trabalho, ficou obcecado por aves, e surgiu em sua mente a ideia de que talvez os seres humanos pudessem mesmo voar, caso conseguisse desvendar a ciência do voo das aves. Dedicou-se horas a fio à leitura e ao estudo de tudo a que tivesse acesso sobre aves. Era assim que sua cabeça funcionava – uma ideia desembocava em outra.

Leonardo decerto se lembrava do pior momento de rejeição de sua vida: o ano de 1481. O papa pediu a Lorenzo de Medici que reunisse os melhores artistas de Florença para decorar sua mais recente obra no Vaticano – a Capela Sistina. Lorenzo enviou a Roma os melhores artistas florentinos, sem incluir Leonardo. Na realidade, eles nunca se relacionaram. Lorenzo era um tipo literário, imerso nos clássicos. Leonardo não lia latim e tinha pouco conhecimento dos autores da Antiguidade. Por natureza, suas inclinações eram mais científicas. No entanto, a causa básica da rejeição de Leonardo foi outra – ele detestava a dependência imposta aos artistas, que tinham que conquistar favores dos poderosos e viver de sucessivas encomendas. Ele se cansara de Florença e da política da corte que por lá reinava.

Assim, decidiu que mudaria tudo em sua vida: procuraria se estabelecer em Milão e adotaria uma nova estratégia para prover o seu sustento. Seria mais que um artista. Iria se dedicar a todos os ofícios e ciências que lhe interessassem – arquitetura, engenharia militar, hidráulica, anatomia, escultura. A qualquer príncipe ou patrão que quisesse seus serviços, ele poderia atender como orientador geral e artista, por um bom ordenado. Sua mente, concluíra, trabalhava melhor com vários projetos diferentes, permitindo-lhe elaborar todos os tipos de conexão entre eles.

Assim, imerso em reflexões sobre a vida, Leonardo teria detectado com clareza a atuação de alguma espécie de força oculta dentro de si. Quando criança, essa força o atraíra para a área mais agreste da região, onde pôde observar a biodiversidade em toda a sua plenitude. A mesma força o compelira a roubar papel do pai e a se dedicar a desenhos da natureza. Também o empurrara para novos experimentos, ao trabalhar para Verrocchio. E ainda o afastara da corte de Florença e dos egos inflados que floresciam entre os artistas. Assim como o impulsionara para extremos de ousadia – esculturas gigantescas, tentativas de voar, dissecação de centenas de corpos em seus estudos de anatomia –, tudo para descobrir a essência da vida.

Desse ponto de vista privilegiado, tudo fazia sentido. Fora uma bênção nascer filho ilegítimo, pois lhe permitira desenvolver o próprio estilo. Mesmo as folhas de papel em sua casa pareciam levá-lo a seu destino. E se ele tivesse se insurgido contra essa força? E se, após ter sido rejeitado no projeto da Capela Sistina, houvesse insistido em ir para Roma com os outros artistas e se empenhado em cair nas boas graças do papa, em vez de buscar o próprio caminho? E se tivesse optado por se dedicar exclusivamente à pintura, para ganhar mais dinheiro? E se houvesse agido como os outros, entregando seus trabalhos no menor prazo possível? Talvez tivesse se saído bem; mas não teria sido Leonardo da Vinci. Sua vida teria carecido do propósito que a impregnou, e, inevitavelmente, no fim das contas, as coisas não teriam dado tão certo.

Essa força oculta dentro dele, assim como a das íris que ele havia desenhado tantos anos antes, o levara ao pleno desabrochar de suas capacidades. Ele tinha seguido com perseverança a orientação dessa força até o fim, completando o percurso. Agora, só restava morrer. Talvez suas próprias palavras, escritas anos antes em sua caderneta, tenham lhe retornado naquele momento: "Da mesma maneira que um dia pleno de realizações traz consigo o sono abençoado, também uma vida bem vivida culmina com a morte bem-aventurada."

Caminhos para a maestria

Muitos dos grandes Mestres da história confessaram ter experimentado alguma espécie de força oculta, de voz interior ou de senso de destino que os impulsionava na direção certa. Esses sentimentos podem ser vistos como puramente místicos, além de qualquer explicação, ou como alucinações ou delírios. Mas há outra forma de encará-los – como algo real, prático e explicável. É possível compreendê-los da seguinte maneira:

Todos nascemos como seres únicos. Essa singularidade é determinada geneticamente pelo nosso DNA. Somos fenômenos sem igual no Universo – nossa composição genética exata nunca ocorreu antes nem se repetirá. Em todos nós, essa singularidade se expressa pela primeira vez na infância, por meio de certas inclinações primordiais. Para Leonardo, foi a exploração do mundo natural em torno de sua comuna, ao qual deu vida no papel, à sua maneira. Para outros, pode ser uma atração precoce por padrões visuais – não raro um indício de interesse futuro por matemática. Ou quem sabe um fascínio por movimentos físicos ou arranjos espaciais. Como explicar essas inclinações? São *forças* dentro de nós que vêm de um lugar profundo incapaz de ser descrito por palavras conscientes.

Essa singularidade profunda naturalmente quer se afirmar e se expressar, mas algumas pessoas a experimentam de modo mais forte que outras. No caso dos Mestres, sua intensidade é tanta que ela é percebida como uma realidade externa – uma força, uma voz, um destino. Nos momentos em que nos dedicamos a atividades que correspondem às nossas inclinações mais arraigadas, até sentimos um toque dessa realidade: as palavras que escrevemos ou os movimentos que executamos ocorrem com tanta rapidez e tanta facilidade que até parecem se originar fora de nós. Estamos literalmente "inspirados", palavra de origem latina que significa "soprar dentro".

Podemos descrevê-la nos seguintes termos: ao nascermos, planta-se uma semente em nosso interior. Essa semente é a nossa singularidade. Ela quer crescer, transformar-se, florescer em todo o seu potencial, movida por uma energia assertiva natural. A sua Missão de Vida é cultivar essa semente até o pleno florescimento, é expressar sua singularidade por meio do trabalho. Você tem um destino a cumprir. Quanto maior for a intensidade com que o sentir e o cultivar – como uma força, uma voz ou o que quer que seja –, maior será sua chance de realizar a sua Missão de Vida e alcançar a maestria.

O que atenua essa força, o que faz com que você não a sinta ou mesmo duvide de sua existência, é a extensão em que sucumbe a outra força da vida – as pressões sociais para o conformismo. Essa *contraforça* pode ser muito poderosa. Você quer se encaixar em um grupo. Inconscientemente, talvez sinta que o que o distingue dos demais é algo constrangedor ou doloroso. Seus pais muitas vezes também atuam como contraforça. Pode ser que tentem direcioná-lo para uma carreira lucrativa e segura. Se essas contraforças se tornam poderosas demais, você perde qualquer contato com sua singularidade, com quem você realmente é. Suas inclinações e seus desejos passam a ser moldados por outras pessoas.

Essa situação pode lançá-lo em um terreno muito perigoso. Você acaba escolhendo uma carreira que não é compatível com sua personalidade. Seus desejos e interesses aos poucos se desvanecem e seu trabalho sofre as consequências. Você passa a procurar prazer e realização fora do trabalho. Ao se desengajar cada vez mais da carreira, deixa de prestar atenção nas mudanças dentro de sua área de atuação – fica para trás e paga por isso. No momento de tomar decisões importantes, você se esconde ou segue o exemplo dos outros, pois não tem senso de direção nem uma bússola interior que o oriente. Perdeu o contato consigo mesmo.

Você precisa evitar esse destino a todo custo. O processo de seguir a sua Missão de Vida que o leva à maestria pode ser iniciado a qualquer momento. A força oculta está sempre presente dentro de você, pronta para entrar em ação.

O processo de realizar a sua Missão de Vida se desenvolve em três estágios. Primeiro, você precisa se conectar ou reconectar com suas inclinações, com aquele senso de singularidade. Portanto, o primeiro passo é sempre introspectivo. Você vasculha o passado em busca de indícios daquela voz ou força interior. Silencia as outras vozes que podem confundi-lo – como as de pais e amigos. Procura um padrão subjacente, o âmago de seu caráter, que você deve compreender da forma mais profunda possível.

Segundo, com o restabelecimento da conexão, você deve examinar a carreira em que já está ou que está prestes a iniciar. A escolha desse caminho – ou seu redirecionamento – é fundamental. Nesse estágio, é preciso ampliar seu conceito de trabalho.

É desejável ver o trabalho como algo mais inspirador, como parte de sua *vocação*. A palavra "vocação" vem do latim e significa chamado ou convocação. Seu uso em relação ao trabalho coincidiu com o início do Cristianismo – certas pessoas eram "convocadas" por Deus a abraçar a vida religiosa; essa era sua vocação. Os primeiros cristãos seriam capazes de "ouvir" literalmente sua vocação, ao escutarem o chamado de Deus, que os teria escolhido para esse trabalho de salvação.

Nesse caso, a voz que o convoca não é necessariamente a de Deus, mas vem de um lugar profundo. Ela emana de sua individualidade. Indica quais atividades são mais compatíveis com seus interesses. E, a certa altura, ela o chama para um tipo especial de trabalho ou carreira. Nesse caso, o trabalho passa a ser algo profundamente conectado com o seu ser.

Por fim, você deve encarar sua carreira ou seu caminho vocacional mais como uma jornada, com seus desvios e curvas, do que como uma linha reta. Você começa escolhendo uma área ou posição que corresponda mais ou menos às suas inclinações. Esse ponto de partida lhe oferece espaço para manobra e indica importantes habilidades a serem aprendidas. Não se pode começar com algo muito grandioso e ambicioso – você precisa ganhar a vida e conquistar confiança. Uma vez nesse caminho, você encontra certas trilhas internas que o atraem, enquanto outras o desagradam. Ajusta o curso e talvez se movimente para outra área afim, mas sempre expandindo sua base de qualificações. Como Leonardo, você parte do que faz para os outros e o converte em algo para si mesmo.

No final, descobre determinado nicho, área ou oportunidade que se encaixa perfeitamente com suas inclinações. Você o reconhecerá tão logo o encontre, pois ele vai disparar aquele senso infantil de deslumbramento e empolgação. Depois disso, tudo se encaixará. Você aprenderá com mais rapidez e mais profundidade. Seu nível de habilidade chegará a um ponto em que você será capaz de reivindicar sua independência no ambiente de trabalho e tomar seu próprio rumo. Você determinará suas circunstâncias. Como seu próprio Mestre, não estará mais sujeito aos caprichos de chefes tirânicos ou de colegas manipuladores.

Essa ênfase em sua singularidade e em sua Missão de Vida talvez pareça um conceito poético, sem qualquer relação com a realidade prática, mas, na verdade, ela é bastante relevante para os tempos em que vivemos. Estamos numa era em que podemos confiar cada vez menos no Estado, nas empresas, na família ou nos amigos como fontes de ajuda e de proteção. É um ambiente globalizado, altamente competitivo. Precisamos aprender a nos desenvolver. Ao mesmo tempo, é um mundo apinhado de problemas graves e de oportunidades promissoras, que serão mais bem resolvidos e aproveitados pelos empreendedores – indivíduos ou pequenos grupos que pensam de forma independente, se adaptam com rapidez e possuem pontos de vista únicos. Suas habilidades criativas sem igual serão muito valorizadas.

Você nasceu com determinada compleição e com certas tendências que o caracterizam. Algumas pessoas nunca se tornam quem são em seu âmago; param de confiar em si mesmas, sujeitam-se às preferências alheias e acabam usando uma máscara que oculta sua verdadeira natureza. Se você criar condições para descobrir quem realmente é, prestando atenção na voz e na força em seu interior, poderá realizar o seu destino – tornando-se um indivíduo, um Mestre.

Estratégias para descobrir sua Missão de Vida

Conectar-se com algo tão pessoal quanto suas inclinações e sua Missão de Vida pode parecer relativamente simples e natural quando você reconhece sua importância. No entanto, a verdade é o oposto. É preciso uma boa dose de planejamento e estratégia para fazê-lo de maneira adequada, uma vez que muitos obstáculos surgirão no percurso. As cinco estratégias a seguir o ajudarão a transpor as principais barreiras que se erguerão em seu caminho com o passar do tempo. Preste atenção em todas elas, porque você terá que enfrentá-las, de uma forma ou de outra.

1. Retorno às origens – Estratégia da inclinação primordial

Para dominar uma área, para ser Mestre nela, é indispensável amá-la e sentir uma profunda conexão com ela. Seu interesse deve transcender a área em si e atingir as raias da religião. Seu interesse não é só a física – é descobrir algo sobre as forças invisíveis que governam o Universo; sua busca não é só o cinema ou a música – é a chance de trazer algo poderoso à vida, dar voz às suas mais profundas emoções. Você encontrará sinais de tais interesses imensos e quase religiosos bem cedo na sua infância, na forma de certas inclinações ou atrações que são difíceis de expressar em palavras e que mais parecem sensações – de deslumbramento diante de determinada questão; de prazer dos sentidos; ou poder ao se engajar numa atividade específica. É importante reconhecer essas inclinações pré-verbais porque são indícios claros de uma atração não contaminada pelos desejos de outras pessoas. Não são algo que seus pais o convenceram a fazer, nem que decorre de uma associação mais superficial, alguma coisa mais verbal e consciente. Em vez disso, emergem de um lugar mais fundo, são exclusivamente suas, produtos de sua química sem igual.

À medida que você se torna mais complexo, não raro perde contato com esses sinais de seu núcleo primordial, que podem ser soterrados por todos os seus estudos e leituras subsequentes. Seu poder e seu futuro dependem da reconexão com esse âmago e do consequente retorno às origens. É preciso escavar em busca dessas inclinações dos primeiros anos. Procure seus vestígios nas reações viscerais a algo simples; um desejo de repetir uma atividade de que você nunca se cansava; alguma coisa que lhe suscitou uma curiosidade inusitada; sentimentos de poder associados a determinadas ações. O que quer que seja, já está dentro de você. Não é necessário criar nada; basta escavar e reencontrar o que estava enterrado lá, desde o início. Ao se religar com esse núcleo, em qualquer idade, algum elemento dessa atração primitiva renascerá com todo o viço, indicando um caminho que pode acabar sendo a sua Missão de Vida.

2. Ocupe o nicho perfeito – Estratégia darwiniana

O mundo profissional é como um sistema ecológico: as pessoas atuam em determinados campos, nos quais devem competir por recursos e pela sobrevivência. Quanto maior for a quantidade de pessoas que se aglomeram em certo espaço, mais difícil se torna prosperar nele. Trabalhar nessas áreas tende a desgastar os que lutam para receber atenção, para participar dos jogos da política e para conquistar recursos escassos. Perde-se tanto tempo nessas lutas que sobra pouco tempo para alcançar a verdadeira maestria. As pessoas são atraídas para essas áreas por verem outras atuando nelas, ganhando a vida e avançando nos caminhos conhecidos. Mas não se tem consciência de como a vida pode ser difícil.

Para fugir dessa disputa infrutífera, deve-se encontrar um nicho dominável na ecologia mais ampla. Nunca é fácil encontrá-lo. A busca exige muita paciência e estratégia específica. No começo, escolhe-se uma área que corresponde mais ou menos aos próprios interesses (medicina, engenharia elétrica, escrita). A partir daí, há duas direções a seguir: a primeira é o caminho de estreitamento. Na área escolhida, procuram-se trilhas secundárias particularmente atrativas (neurociência, robótica, roteirização de filmes). Quando é possível, muda-se para esse campo mais estreito. Prossegue-se no processo até que, enfim, um nicho totalmente desocupado seja encontrado, e quanto mais estreito melhor. De alguma forma, ele corresponde à própria singularidade, àquilo que o destaca dos demais.

A segunda é o caminho de associação e expansão. Depois de dominar o primeiro campo, procuram-se outras disciplinas ou qualificações a serem conquistadas, conforme a própria disponibilidade de tempo, se necessário. Agora, é possível combinar esse novo campo de conhecimento com o original, talvez criando uma nova área ou, quem sabe, estabelecendo conexões inéditas entre eles. Continua-se no processo pelo tempo que quiser. Por fim, cria-se um campo próprio, exclusivo. Essa segunda versão é bastante compatível com uma cultura em que dispomos de tantas informações e na qual a associação de ideias é uma forma de poder.

Em ambas as direções, é preciso encontrar um nicho em que não haja uma multidão de concorrentes. Há liberdade para divagar, andar sem rumo e perseguir certas questões de seu interesse. Desonerado da competição e da politicagem sufocantes, você terá tempo e espaço para cultivar a sua Missão de Vida.

3. Evite o caminho falso – Estratégia da rebelião

O caminho falso na vida é, em geral, uma carreira a que somos atraídos por motivos equivocados – dinheiro, fama, atenção, e assim por diante. Se é de atenção que precisamos, em geral experimentamos uma espécie de vazio interior, que esperamos preencher com o falso amor da aprovação pública. Quando a área que escolhemos não corresponde às nossas inclinações mais profundas, raramente realizamos nossos anseios. A qualidade do trabalho sofre as consequências e a atenção que talvez tenhamos recebido no começo começa a diminuir – é um processo doloroso. Se é dinheiro e conforto que norteiam nossa decisão, na maioria das vezes estamos agindo por ansiedade, movidos pela necessidade de agradar aos nossos pais. É até possível que estejam nos induzindo para algo lucrativo por zelo e preocupação, mas, no fundo, talvez se encontre algo mais – quem sabe um pouco de inveja por desfrutarmos de mais liberdade do que eles quando eram jovens.

Se isso acontecer com você, sua estratégia precisa ser dupla: primeiro, concluir tão cedo quanto possível que você escolheu a carreira pelas razões erradas, antes de sua confiança sofrer o golpe fatal. E, segundo, reagir ativamente contra as forças que o afastaram do melhor caminho. Despreze a necessidade de atenção e de aprovação – elas o desencaminharão. Libere um pouco de raiva e ressentimento pelas forças paternas que pretenderam lhe impor uma vocação dissonante em relação a você. Seguir um caminho independente dos pais e construir a própria identidade é um componente saudável de seu desenvolvimento. Deixe que o senso de revolta o encha de energia e propósito.

4. Descarte o passado – Estratégia da adaptação

Ao gerenciar sua carreira e suas mudanças inevitáveis, é preciso pensar do seguinte modo: você não está preso a determinada posição; sua lealdade não é com a carreira nem com a empresa. Seu compromisso é com a sua Missão de Vida, é criar condições para sua plena realização. Compete a você descobri-la e orientá-la corretamente. Não cabe a ninguém mais protegê-lo e ajudá-lo. Você está por conta própria. A mudança é inevitável, sobretudo nessa nossa época revolucionária. Como você deve cuidar de si mesmo, tem que identificar as mudanças em curso em sua profissão neste exato momento. Você precisa adaptar a sua Missão de Vida às novas circunstâncias. Não insista nas formas ultrapassadas de fazer as coisas, ou correrá o risco de ficar para trás, sofrendo as consequências. É preciso ser flexível e se adaptar o tempo todo.

Se a mudança lhe for imposta, você deve resistir à tentação de se exaltar ou de sentir pena de si mesmo. Em vez disso, procure ajustar sua experiência, seus interesses e suas inclinações para uma nova direção. Seu objetivo não é abandonar as qualificações e as experiências acumuladas, mas descobrir novas maneiras de aplicá-las. Seus olhos estão voltados para o futuro, não para o passado. Em geral, esses ajustes criativos conduzem a um caminho melhor – somos sacudidos da complacência e induzidos a reavaliar nosso rumo. Lembre-se: a sua Missão de Vida é um organismo vivo, pulsante. No momento em que passa a seguir um plano definido em sua juventude, você se tranca numa posição e se sujeita à impiedade do tempo.

5. Descubra o caminho de volta – Estratégia de vida ou morte

Ninguém ganha coisa alguma ao se desviar do caminho a que foi destinado. Quem age assim é assediado por todo tipo de dor. Quase sempre a pessoa se deixa levar pela atração por dinheiro, por perspectivas mais imediatas de prosperidade. Como a escolha errônea não é compatível com algo profundo dentro de si, o interesse diminui e o dinheiro acaba não chegando com tanta facilidade. Parte-se em busca de outras fontes fáceis de fortuna, afastando-se cada vez mais do próprio caminho. Ao perder o rumo, acaba-se em um beco sem saída na carreira. Mesmo que se atenda às necessidades materiais, existe um vazio que se tenta preencher com todos os tipos de crença, droga ou diversão. Reconhece-se quanto se desviou do verdadeiro rumo pela intensidade da dor e da frustração. É preciso ouvir a mensagem trazida por esses sentimentos, seguindo sua orientação. É uma questão de vida ou morte.

O retorno exige sacrifício. Não se pode ter tudo no presente. A estrada para a maestria demanda persistência. É necessário manter o foco durante cinco ou dez anos do percurso, ao fim dos quais as recompensas pelo esforço serão colhidas. O trajeto para chegar lá, no entanto, é cheio de desafios e de prazeres. Faça da retomada do rumo uma resolução pessoal e, então, converse sobre ela com os outros. Dessa maneira, será motivo de vergonha e constrangimento desviar-se mais uma vez. No fim das contas, o dinheiro e o sucesso realmente duradouros acontecem quando se coloca o foco na maestria e na realização da sua Missão de Vida.

II

Submeta-se à realidade: A aprendizagem ideal

Depois da educação formal, você entra na fase mais crítica de sua vida – um segundo estágio de educação prática, conhecido como aprendizagem. Os perigos são muitos. Se não for cuidadoso, você sucumbirá à insegurança; se envolverá em questões e em conflitos emocionais que dominarão seus pensamentos; desenvolverá medos e incapacidades de aprendizado que o prejudicarão durante toda a vida. Antes que seja tarde demais, você precisa aprender os ensinamentos e seguir o caminho dos maiores Mestres, do passado e do presente – uma espécie de aprendizagem ideal que transcenderá todas as áreas.

A PRIMEIRA TRANSFORMAÇÃO

Desde o começo da vida, Charles Darwin (1809-1882) se sentia pressionado pelo pai, que era um médico bem-sucedido e rico, que nutria altas expectativas em relação aos filhos. Mas Charles, o caçula, parecia ser o que mais provavelmente não estaria à altura delas. Ele não era bom em grego, nem em latim, nem em álgebra. Na verdade, não era bom em nada na escola. Não que lhe faltasse ambição. Só que conhecer o mundo por meio de livros não lhe interessava. Ele adorava a natureza: caçar, vasculhar os campos à procura de espécies raras de besouros, colher flores e amostras de minerais. Passava horas observando o comportamento das aves e fazendo anotações sobre suas várias diferenças. Tinha sensibilidade para essas coisas. No entanto, esses passatempos não contribuíam para sua futura carreira profissional, e, à medida que ficava mais velho, percebia a impaciência crescente do pai. Um dia, o pai o repreendeu com palavras que ele nunca esqueceria: "Você só quer saber de caçar, de cuidar de cachorros e de apanhar ratos. Desgraçará sua vida e a de toda a família."

Quando Charles fez 15 anos, o pai resolveu participar mais ativamente da vida do filho. Mandou-o para a faculdade de medicina, em Edimburgo, mas Charles não podia ver sangue e teve que desistir. Decidido a encontrar alguma carreira para ele, o pai conseguiu para o filho uma futura posição na igreja, como pároco. Nessa função, Charles seria bem remunerado e teria muito tempo para se dedicar a colecionar espécimes. A única exigência para exercer o cargo era ser formado por uma universidade de prestígio. Assim, Charles se matriculou em Cambridge. Mais uma vez, seu pouco-caso pela educação formal se manifestou, mas ele insistiu. Interessou-se por botânica e ficou amigo de seu instrutor, o professor Henslow. Trabalhou com afinco e, para alívio do pai, conseguiu por um triz se formar como bacharel, em maio de 1831.

Na expectativa de que nunca mais precisaria se dedicar à educação formal, Charles partiu para a área rural da Inglaterra, onde deu vazão à paixão pela natureza e esqueceu o futuro, pelo menos durante algum tempo.

Ao voltar para casa, no final de agosto, surpreendeu-se ao ver uma carta do professor Henslow à sua espera. Ele o estava recomendando para uma posição como naturalista não remunerado do *HMS Beagle*, que partiria alguns meses depois em uma viagem de vários anos ao redor do mundo, pesquisando vários litorais. Como parte de suas atribuições, Charles deveria coletar amostras de animais, de vegetais e de minerais ao longo do percurso, enviando-as à Inglaterra para análise. Evidentemente, Henslow ficara impressionado com a extraordinária habilidade do jovem na coleta e identificação de espécimes vegetais.

A proposta abalou Charles. Ele nunca pensara em viajar para tão longe, muito menos em seguir a carreira de naturalista. Antes de ter tempo de refletir sobre a ideia, o pai se intrometeu – era radicalmente contra. Charles nunca estivera no mar e não se daria bem. Ele não era cientista treinado e faltava-lhe disciplina. Além disso, gastar vários anos nessa viagem prejudicaria a posição que o pai havia garantido para o filho na igreja.

O pai se mostrou tão enfático e convincente que Charles não pôde deixar de concordar, recusando a oferta. Mas, nos dias seguintes, refletiu sobre a viagem, como seria e o que significaria para ele. Quanto mais a imaginava, mais se fascinava pela ideia. Talvez fosse a atração pela aventura, depois de uma infância tão protegida, ou a chance de explorar uma possível carreira como naturalista, vendo ao longo do percurso quase todas as formas possíveis de vida do planeta. Ou talvez precisasse se livrar do pai autoritário e encontrar o próprio caminho. Qualquer que fosse a justificativa, ele logo concluiu que aceitaria a oferta. Com a ajuda de um tio, conseguiu convencer o pai a lhe dar um consentimento muito relutante. Na véspera da partida, Charles escreveu para o comandante do *Beagle*, Robert FitzRoy: "Minha segunda vida começará agora e, para mim, será como um aniversário daqui por diante."

O navio partiu em dezembro daquele ano e logo o jovem Darwin se arrependeu da decisão. O barco era pequeno e oscilava muito ao sabor das ondas. Ele se sentia nauseado o tempo todo. O coração doía ao pensar que não veria a família durante um longo período e que passaria tantos anos em companhia daqueles estranhos. Passou a ter taquicardia e se sentia muito doente. Os marinheiros percebiam sua falta de experiência no mar e o olhavam de maneira estranha. O comandante apresentava violentas oscilações de humor, ficando furioso de repente pelos motivos mais triviais. Também era fanático religioso, acreditando literalmente nas afirmações textuais da Bíblia. E disse a Darwin que ele deveria encontrar na América do Sul provas da Criação e do Dilúvio, conforme as descrições do Gênesis. Darwin se achava tolo por ter contrariado o pai e se sentia esmagado pelo sentimento de solidão. Como ele poderia suportar essa experiência por meses a fio, convivendo com um comandante que parecia louco?

Depois de algumas semanas de viagem, sentindo-se um tanto desesperado, ele resolveu adotar uma estratégia. Em casa, quando sentia essa aflição interior, o que sempre o acalmava era sair e observar a vida ao redor. Dessa maneira, conseguia esquecer-se de si mesmo. Ele passou a observar a vida a bordo do navio, a personalidade dos vários marinheiros e do próprio comandante, como se estivesse anotando as características de borboletas. Por exemplo, ele percebeu que ninguém se queixava da comida, do tempo nem das tarefas. Aqueles homens valorizavam o estoicismo. Ele tentaria adotar essa atitude. Parecia que FitzRoy era um pouco inseguro e precisava da validação constante de sua autoridade. Darwin viria a ser fonte constante dessa autoafirmação para o comandante. Aos poucos, começou a se enquadrar na rotina da vida no mar. Até contraiu alguns dos maneirismos dos marinheiros. Tudo isso o distraía em sua solidão.

Vários meses depois, o *Beagle* chegou ao Brasil, e então Darwin compreendeu por que ele tanto desejara fazer aquela viagem. Ficou totalmente encantado com a variedade da flora e da fauna – era o paraíso do naturalista, diferente de tudo que ele já havia observado ou coletado na Inglaterra. Um dia, num passeio pela floresta, observou o mais bizarro e cruel espetáculo que já vira: a marcha inexorável de minúsculas formigas pretas, em colunas com mais de um quilômetro, devorando qualquer coisa viva em seu caminho. Para onde quer que se voltasse, ele via o mesmo exemplo de luta feroz pela sobrevivência, nas florestas onde a vida era superabundante. Ao executar seu trabalho, logo percebeu que também enfrentava um problema: todos os caranguejos, aves, borboletas e aranhas que pegava eram muito incomuns. Parte do trabalho dele era escolher com sabedoria o que enviaria para o seu país; mas como escolher o que coletar?

Ele teria que ampliar seus conhecimentos. Não só precisaria passar horas sem-fim estudando tudo o que avistava em suas caminhadas e fazer anotações extensas, mas também deveria descobrir um modo de organizar as informações, catalogar os espécimes e organizar suas observações. Seria um trabalho hercúleo, mas, ao contrário das tarefas acadêmicas, aquilo o empolgava. Tratava-se de criaturas vivas, não de noções abstratas em livros.

À medida que o navio avançava para o sul, costeando o continente, Darwin percebeu que havia áreas no interior da América do Sul que nenhum naturalista explorara até então. Decidido a ver todas as formas de vida que conseguisse encontrar, iniciou uma série de incursões nos Pampas da Argentina, acompanhado apenas por gaúchos, coletando todo tipo de animal e vegetal raro. Seguindo a mesma estratégia que adotara no navio, também observou os gaúchos e seu estilo de vida, adaptando-se à sua cultura, como se fosse um deles. Nessas e em outras incursões, enfrentou indígenas salteadores, insetos venenosos e felinos à espreita nas florestas. Sem ligar para o perigo, desenvolveu um gosto tão intenso pela aventura que teria surpreendido a família e os amigos.

Depois de um ano de viagem, numa praia a uns 650 quilômetros de Buenos Aires, Darwin descobriu algo que o levaria a refletir durante muitos anos: um penhasco com estrias brancas entre as rochas. Ao constatar que se tratava de ossos enormes de alguma espécie, começou a escavar a pedra, extraindo tantas peças quanto possível. Eram de um tamanho e de um tipo que nunca tinha visto antes – os chifres e o casco do que parecia ser um tatu gigante, o dente imenso de um mastodonte e, então, o mais surpreendente, o dente de um cavalo. Quando os espanhóis e os portugueses chegaram pela primeira vez à América do Sul, não encontraram cavalos; no entanto, aquele dente era muito antigo, de data bem anterior. Aquelas descobertas o levaram a especular – se aquelas espécies haviam desaparecido muito tempo atrás, a ideia de que toda a vida fora criada de uma vez parecia ilógica. Mais importante, como era possível que tantas espécies estivessem extintas? Será que a vida no planeta estaria em estado constante de fluxo e desenvolvimento?

Meses depois, ao escalar os Andes em busca de amostras geológicas raras, a mais de 3.500 metros de altitude, ele descobriu fósseis de conchas marinhas e jazidas de rochas oceânicas – algo surpreendente em terras tão elevadas. Ao examinar esses espécimes e a flora circundante, ocorreu-lhe que aquelas montanhas um dia já haviam estado sob o oceano Atlântico. Uma série de vulcões, milhares de anos atrás, talvez as tivesse erguido até aquela altura. Em vez de relíquias para reforçar as histórias da Bíblia, ele estava encontrando evidências de algo totalmente diferente.

À medida que a viagem progredia, Darwin constatou algumas mudanças óbvias em si mesmo. Costumava achar monótono todo tipo de trabalho, mas, agora, conseguia trabalhar durante o dia inteiro. De fato, com tanto a explorar e a aprender, detestava perder um único minuto da viagem. Desenvolvera uma incrível acuidade em relação à flora e à fauna da América do Sul. Conseguia identificar as aves locais pelo canto, pelas características de seus ovos, pela forma de voar. Todas essas informações eram catalogadas e organizadas com eficiência. Mais importante, o seu modo de pensar havia mudado. Ele observava algo, lia e escrevia sobre a observação e, então, formulava uma teoria e depois ainda outras observações; as teorias e as observações se alimentando mutuamente. Com tantos detalhes sobre as muitas facetas do mundo que estava explorando, as ideias jorravam.

Em setembro de 1835, o *Beagle* deixou a costa do Pacífico da América do Sul e tomou o rumo oeste, de volta para casa. Sua primeira parada no percurso foi em uma série de ilhas praticamente desabitadas, conhecidas como Galápagos. As ilhas eram famosas por sua vida selvagem, mas nada poderia ter preparado Darwin para o que ele encontraria lá. O comandante FitzRoy lhe deu uma semana para explorar uma das ilhas, e, então, prosseguiriam viagem. A partir do momento em que desembarcou, Darwin percebeu algo diferente: aquele pequeno pedaço de terra estava apinhado de vida em nada parecida com nenhuma outra – milhares de iguanas marinhas negras enxameavam ao seu redor, na areia e nas águas rasas; tartarugas de 250 quilos se arrastavam pela praia; focas, pinguins e biguás, criaturas de águas frias, viviam numa ilha tropical.

Depois de uma semana, ele havia contado 26 espécies singulares de aves terrestres só numa ilha. Seus frascos foram se enchendo dos mais bizarros insetos, plantas, cobras, lagartos e peixes. De volta ao *Beagle*, ele começou a catalogar e a classificar o número notável de espécimes que havia coletado. O que mais o surpreendia era o fato de quase todos representarem espécies completamente novas. Foi quando fez uma descoberta ainda mais extraordinária: as espécies diferiam de ilha para ilha, embora estivessem separadas por apenas cerca de 80 quilômetros. Os cascos das tartarugas tinham marcas diferentes e os tentilhões haviam desenvolvido vários tipos de bico, compatíveis com os alimentos específicos de cada ilha.

De repente, como se os quatro anos de viagem e todas as suas observações houvessem produzido nele um processo de pensamento mais profundo, uma teoria radical se formou em sua mente: aquelas ilhas, especulou, haviam sido empurradas para fora das águas oceânicas por erupções vulcânicas, à semelhança dos Andes. De início, não existia vida nelas. Aos poucos, as aves que as visitavam deixaram sementes em seu solo. Vários animais lá chegaram pelo mar – lagartos ou insetos flutuando em toras; tartarugas, originalmente de variedade marinha, se estabeleceram em terra. Ao longo de milhares de anos, cada criatura se adaptou aos alimentos e aos predadores lá existentes, mudando de forma e de aparência no processo. Os animais que não se adaptavam se extinguiam, como os fósseis das criaturas gigantes que Darwin desenterrara na Argentina. Era a incessante e impiedosa luta pela vida, com a sobrevivência dos mais aptos e a extinção dos menos aptos. A vida não se criara naquelas ilhas de uma vez e para sempre, por algum ser divino. As criaturas lá encontradas haviam evoluído ao longo de milênios até sua forma atual. E aquelas ilhas representavam um microcosmo do próprio planeta.

Na viagem de volta para casa, Darwin desenvolveu ainda mais sua teoria, tão revolucionária em suas implicações. Comprovar sua tese seria o trabalho de sua vida.

Enfim, em outubro de 1836, o *Beagle* retornou à Inglaterra, depois de quase cinco anos no mar. Darwin correu para casa, e quando o pai o reviu pela primeira vez ficou atônito. Fisicamente, ele havia mudado. Sua cabeça parecia maior. Seu jeito estava diferente – os olhos transmitiam seriedade de propósito e acuidade mental, quase o oposto da aparência daquele jovem disperso e perdido que partira para o mar anos antes. Sem dúvida, a viagem transformara o corpo e a alma do filho.

Caminhos para a maestria

Ninguém pode ter menor ou maior maestria que a maestria de si mesmo.

– LEONARDO DA VINCI

Nas histórias dos maiores Mestres do passado e do presente, sempre identificamos uma fase na vida deles em que todos os seus poderes futuros estavam em desenvolvimento, como a crisálida de uma borboleta. Essa fase – uma aprendizagem em grande parte autodirigida, que dura de cinco a dez anos – recebe pouca atenção, por não envolver histórias de grandes realizações ou descobertas. Em geral, na fase de aprendizagem essas pessoas ainda não são muito diferentes de quaisquer outras. Sob a superfície, porém, sua mente passa por transformações que não podemos ver, mas que lançam todas as sementes de seu futuro sucesso.

Grande parte do modo como esses Mestres transitam nessa fase decorre de uma apreensão intuitiva do que é mais importante e essencial para seu desenvolvimento, mas, ao estudar o que eles fizeram certo, podemos aprender algumas lições inestimáveis. De fato, um exame mais minucioso de suas vidas revela um padrão que transcende suas diferentes áreas, indicando uma espécie de *aprendizagem ideal* para a maestria. E, para captar esse padrão e segui-lo à nossa maneira, precisamos aprender algo sobre a própria ideia e necessidade de passar por essa aprendizagem.

Na infância, passamos por um longo período de dependência

– mais demorado que o de qualquer outro animal. Nesse período, aprendemos a falar, a ler e a escrever, a fazer contas e a raciocinar, além de várias outras habilidades. Boa parte desse aprendizado ocorre sob a orientação atenta e amorosa dos pais e dos professores. À medida que crescemos, atribui-se maior ênfase ao aprendizado por meio de livros – a absorção de tantas informações quanto possível sobre várias disciplinas. Esse conhecimento de história, ciências ou literatura é abstrato, e o processo de aprendizado ocorre, principalmente, por absorção passiva. No fim do processo (quase sempre entre as idades de 18 e 25 anos), somos lançados no mundo real, onde devemos cuidar de nós mesmos.

Ao emergirmos do estado de dependência, não estamos em condições de enfrentar a transição para uma fase de total independência. Ainda cultivamos o hábito de aprender com livros e professores, o que quase sempre é inadequado na fase prática da vida que vem em seguida. Tendemos a ser socialmente ingênuos e despreparados para os jogos políticos em que todos se envolvem. Ainda inseguros quanto à nossa identidade, achamos que o relevante no mundo do trabalho é chamar atenção e fazer amigos. Esse equívoco e essa ingenuidade se expõem brutalmente à luz do mundo real.

Se nos adaptarmos ao longo do tempo, podemos até acabar descobrindo nosso caminho; mas, se cometermos muitos erros, criamos problemas infindáveis para nós mesmos. Perdemos muito tempo enredados em questões emocionais e quase nunca conseguimos o distanciamento necessário para refletir e aprender com nossas experiências. A aprendizagem, por sua natureza, deve ser conduzida por cada indivíduo à própria maneira. Seguir *exatamente* a liderança alheia ou o conselho de livros é derrota certa. Essa é a fase da vida em que declaramos nossa independência e definimos nossa identidade. No entanto, nessa segunda fase de nossa formação, tão importante para o sucesso futuro, destacam-se algumas lições poderosas e essenciais, capazes de nos proporcionar grandes benefícios, de nos desviar dos erros mais comuns e nos poupar um tempo precioso.

Essas lições permeiam todas as áreas e os períodos históricos, pois estão associadas a algo essencial da psicologia humana e do funcionamento do cérebro. Elas podem ser resumidas em um *princípio* abrangente, da fase de aprendizagem, e em um processo que segue três passos mais ou menos flexíveis.

O princípio é simples e deve lançar raízes profundas: o objetivo da aprendizagem não é dinheiro, posição, título ou diploma, mas, sim, a *transformação* da mente e da personalidade – a primeira transformação a caminho da maestria. Você começa numa carreira como forasteiro, cheio de ingenuidade e concepções equivocadas sobre esse mundo novo. Sua cabeça está repleta de sonhos e de fantasias a respeito do futuro. Seu conhecimento do mundo é subjetivo, baseado em emoções, inseguranças e experiências limitadas. Lentamente, você põe os pés no chão, na realidade, no mundo objetivo representado pelo conhecimento e pelas habilidades que contribuem para o sucesso. Aprende a trabalhar com outras pessoas e a lidar com as críticas. No processo, você se transforma de alguém impaciente e disperso em alguém disciplinado e concentrado, cuja mente é capaz de lidar com a complexidade. No fim, passa a exercer domínio sobre si mesmo e sobre suas fraquezas.

Tudo isso tem uma consequência simples: é preciso escolher trabalhos e posições que ofereçam as maiores possibilidades de aprendizado. O conhecimento prático é o capital mais valioso, que lhe renderá dividendos durante as décadas vindouras – muito mais que um aumento de salário para trabalhar em uma posição aparentemente lucrativa mas que lhe oferece menos oportunidades de aprendizado. Isso significa procurar desafios que aumentem sua resiliência e aprimorem suas capacidades, nos quais você receba o mais objetivo feedback sobre seu desempenho e seu progresso. Não devemos escolher a aprendizagem que nos pareça fácil e confortável.

Nesse sentido, você deve seguir os passos de Charles Darwin. Você finalmente está sozinho numa viagem em que construirá seu próprio futuro. É tempo de aventura – de explorar o mundo com a mente aberta. Na verdade, sempre que precisa aprender uma nova habilidade ou mudar de carreira, você se reconecta com essa fase jovial e aventureira de si mesmo. Darwin poderia ter escolhido a segurança, coletando menos espécimes e ficando mais tempo a bordo, estudando em vez de explorando. Se essa tivesse sido sua opção, ele seria apenas mais um coletor de espécimes. Ele procurava o tempo todo por desafios, saindo da zona de conforto. Enfrentava perigos e dificuldades como forma de avaliar seu progresso. Você deve adotar essa mentalidade e encarar a aprendizagem como uma jornada de transformação, em vez de uma doutrina enfadonha sobre o funcionamento do mundo.

A fase de aprendizagem – Os três passos ou modos

Com o *princípio* anteriormente exposto norteando suas escolhas, você deve refletir sobre os três passos essenciais de sua aprendizagem, cada um se sobrepondo ao outro. Esses passos são: *observação profunda (modo passivo), aquisição de habilidades (modo prático)* e *experimentação (modo ativo)*. Lembre-se de que a aprendizagem pode se manifestar de muitas formas diferentes. Talvez ocorra em um único lugar ao longo de vários anos, ou talvez você a obtenha em várias posições diferentes em diversos lugares.

Primeiro passo: Observação profunda – Modo passivo

Ao ingressar numa carreira ou num trabalho novo, você passa a atuar em um mundo com regras, procedimentos e dinâmica social próprios. Durante décadas ou até séculos, acumularam-se conhecimentos sobre como fazer as coisas, cada geração recebendo o legado da anterior e aprimorando-o para a seguinte. Além disso, cada ambiente tem suas convenções, normas de comportamento e padrões de trabalho. Também as relações de poder entre as pessoas são muito diferentes nos vários contextos. Tudo isso representa uma realidade que transcende suas necessidades e seus desejos individuais. Portanto, sua primeira tarefa ao entrar nesse mundo é *observar* e absorver a realidade o mais *profundamente* possível.

O maior erro que se pode cometer nos primeiros meses da aprendizagem é imaginar que é preciso chamar atenção, impressionar as pessoas e exibir as próprias capacidades. Essas ideias dominarão sua mente e a fecharão para a realidade externa. Qualquer atenção positiva que você receba é ilusória; ela não se baseia em suas habilidades nem em algo real, e acabará se voltando contra você. Em vez disso, é necessário reconhecer a realidade e *submeter-se* a ela, mantendo-se na retaguarda tanto quanto possível, cultivando a passividade e reservando espaço para observar. Também é preciso descartar quaisquer preconceitos sobre esse novo mundo. Se você impressionar as pessoas nesses primeiros meses, será pela seriedade do esforço de aprendizado, não pela tentativa de chegar ao topo antes de estar preparado para a escalada.

Você observará duas realidades essenciais nesse novo mundo. Primeiro, as regras e os procedimentos que determinam o sucesso nesse contexto – em outras palavras, "é assim que fazemos as coisas aqui". Algumas dessas normas lhe serão transmitidas diretamente – em geral, as que são superficiais e, em grande parte, questão de bom senso. Você deve absorvê-las e cumpri-las com rigor; no entanto, mais interessantes são as regras tácitas, não expressas, inerentes à cultura subjacente do local de trabalho. Elas se referem a estilos e valores considerados importantes. Muitas vezes refletem o caráter da pessoa no topo.

É possível identificar essas regras mantendo-se atento às pessoas que estão subindo na hierarquia. De maneira ainda mais reveladora, também é bom ficar de olho nas pessoas mais inadequadas, que são crucificadas por determinado erro ou que até correm o risco de serem demitidas. Esses maus exemplos servem de alerta: se fizer as coisas dessa maneira, você sofrerá as consequências.

A segunda realidade a ser considerada é o poder dos relacionamentos existentes no grupo: quem exerce controle efetivo; por meio de quem fluem todas as comunicações; quem está em ascensão e quem está em decadência. Essas regras políticas podem ser disfuncionais ou contraproducentes, mas não lhe compete se opor a essa situação, queixando-se ou propondo mudanças, mas simplesmente compreendê-la, fazendo um levantamento completo do território em que está pisando.

Todas as tarefas que lhe são atribuídas, por mais triviais que sejam, oferecem oportunidades para esquadrinhar esse novo ambiente de trabalho. Nenhum detalhe sobre as pessoas que atuam nele é desprezível. Tudo o que você percebe é um sinal a ser decodificado. Com o passar do tempo, você começará a ver e compreender melhor a realidade que, de início, o iludiu. À medida que acumula mais informações sobre as regras e sobre a dinâmica do poder em seu novo ambiente, você começa a analisar por que existem e como se relacionam com tendências mais amplas. Passa da observação à análise, apurando sua capacidade de raciocínio, mas só depois de meses de atenção cuidadosa.

Existem várias razões importantes para que você dê esse passo. Primeiro, conhecer o ambiente o ajudará a transitar e a evitar erros custosos. Você é como um caçador: seus conhecimentos sobre todos os detalhes da floresta e do ecossistema como um todo lhe darão muito mais opções de sobrevivência e sucesso. Segundo, a capacidade de observar qualquer ambiente desconhecido se transformará numa habilidade importante durante toda a vida. Você desenvolverá o hábito de silenciar seu ego e de olhar para fora, em vez de para dentro; perceberá em qualquer contato o que a maioria das pessoas perde, por estarem pensando em si mesmas; cultivará grande acuidade em relação à psicologia humana e fortalecerá a capacidade de concentração. Finalmente, você se acostumará a observar primeiro, baseando suas ideias e teorias no que viu com os próprios olhos, e, em seguida, a analisar o que descobriu. Essa será uma capacidade muito importante na próxima fase de sua vida, a criativa.

Segundo passo: Aquisição de habilidades – Modo prático

A certa altura, à medida que progride ao longo desses primeiros meses de observação, você entrará na fase mais crucial da aprendizagem: *a prática para a aquisição de habilidades*. Qualquer atividade, esforço ou carreira implica o domínio de habilidades. Em algumas áreas, o processo é direto e óbvio, como a operação de uma ferramenta ou máquina, ou a criação de algo físico. Em outras, envolve mais uma combinação de atributos físicos e mentais, como a observação e a coleta de espécimes por Charles Darwin. E ainda há outras em que as habilidades são mais nebulosas, como lidar com pessoas ou pesquisar e organizar informações. Seu objetivo deve ser reduzir essas habilidades a algo simples e essencial – o essencial daquilo em que você precisa se tornar bom, as habilidades a serem praticadas.

Na aquisição de qualquer habilidade, ocorre um processo natural de aprendizado que coincide com o funcionamento de nosso cérebro. Esse processo de aprendizado leva ao que denominamos *conhecimento tácito* – um sentimento a respeito do que estamos fazendo que é difícil de expressar em palavras mas fácil de demonstrar na prática. E, para saber como funciona esse processo de aprendizado, é útil observar o maior sistema já inventado para treinar as habilidades e alcançar o conhecimento tácito – a aprendizagem na Idade Média, em que jovens na faixa de mais ou menos 12 a 17 anos eram admitidos para trabalhar numa oficina, assinando um contrato que os comprometia pelo prazo de sete anos. No fim desse período, os aprendizes teriam que ser aprovados no *teste de mestre*, ou produzir um *trabalho de mestre*, para demonstrar seu nível de habilidade.

Como na época havia poucos livros ou desenhos, os aprendizes aprendiam o ofício observando e imitando os Mestres. Absorviam o conhecimento por repetição e pondo mãos à obra, com muito pouca instrução verbal. Quando se considera todo o tempo que os aprendizes trabalhavam diretamente com materiais naqueles anos, chega-se a algo próximo de 10 mil horas, o suficiente para alcançar um nível de habilidade excepcional em determinado ofício. O poder dessa forma de conhecimento tácito se manifesta nas grandes catedrais góticas da Europa – obras-primas de beleza, habilidade artesanal e estabilidade, erigidas sem projetos nem livros. Essas catedrais foram produtos das habilidades acumuladas de inúmeros artesãos e engenheiros.

O significado de tudo isso é simples: a linguagem, oral e escrita, é uma invenção relativamente recente. Bem antes desse tempo, nossos ancestrais tiveram que aprender várias habilidades – fazer ferramentas, caçar e assim por diante. O modelo natural de aprendizado consiste em observar e em imitar os outros, para, em seguida, repetir a ação sucessivas vezes. Nosso cérebro é altamente compatível com esse tipo de aprendizado.

Mesmo no caso de atividades que são basicamente mentais, como desenvolver programas de computador ou falar uma língua estrangeira, ainda vale afirmar que aprendemos mais por meio da prática e da repetição – o processo de aprendizado natural. Aprendemos de fato uma língua estrangeira falando-a tanto quanto possível, não lendo livros nem absorvendo teorias. Quanto mais falamos e praticamos, mais fluentes nos tornamos.

Quando se prolonga essa fase o suficiente, entramos no *ciclo de retornos acelerados*, em que a prática fica mais fácil e mais interessante, proporcionando mais tempo de treino, aumentando seu nível de habilidade, o que, por sua vez, torna a prática ainda mais estimulante. Alcançar esse ciclo é o objetivo a ser almejado, e, para chegar lá, é preciso compreender alguns princípios básicos sobre as habilidades em si.

Primeiro, é essencial começar com alguma habilidade que se possa dominar e que sirva como base para a aquisição de outras. Você precisa evitar a todo custo a ideia de que é possível administrar o aprendizado de várias habilidades ao mesmo tempo. Também deve desenvolver seu poder de concentração e compreender que tentar o modo multitarefa arruinará o processo.

Segundo, a primeira fase do aprendizado é sempre entediante. No entanto, em vez de evitar essa monotonia, é preciso aceitá-la e persistir. O desconforto que experimentamos nesse estágio inicial do aprendizado de uma habilidade fortalece a mente, tal como acontece no exercício físico.

Depois que se repete um processo com frequência suficiente, ele se torna automático. Esse processo de automatização não pode ocorrer quando se está constantemente distraído, transferindo a atenção de uma tarefa para outra. Depois que uma atividade se torna automática, você passa a ter espaço mental para observar a si mesmo enquanto a pratica. Deve-se usar esse distanciamento para registrar as fraquezas ou as deficiências que precisam de correção – ou seja, analisar-se. Também ajuda receber o máximo de feedback dos outros, para dispor de padrões com base nos quais avaliar o progresso, de modo a se conscientizar do caminho ainda a percorrer. Tentar alguma coisa com persistência o confronta com o mundo real, tornando-o profundamente consciente de suas inadequações e do que você pode realizar com mais trabalho e esforço.

Quando se leva esse processo longe o suficiente, entra-se no ciclo de retornos acelerados: à medida que a prática se automatiza, a mente não se cansa mais com o esforço e pode exercê-lo com mais afinco, o que, por sua vez, aumenta a habilidade e a satisfação. Você pode procurar desafios, novas áreas a serem conquistadas, mantendo um alto nível de interesse. À medida que o ciclo se acelera, tende-se a alcançar um ponto em que a mente fica totalmente absorta, entrando numa espécie de fluxo em que todas as interferências são bloqueadas. Você e a ferramenta ou o instrumento ou o objeto de estudo se tornam um só.

Em suma, ao praticar e desenvolver qualquer habilidade, você se transforma no processo. Você redefine seu senso de prazer. O que oferecia prazer imediato passa a ser visto como distração, como entretenimento vazio para ajudar a passar o tempo. A verdadeira satisfação resulta da superação de desafios, do sentimento de confiança em suas capacidades, da conquista de fluência nas habilidades e da sensação de poder daí decorrente.

Embora o tempo necessário para dominar as habilidades indispensáveis e para conquistar o nível de maestria talvez dependa da área de atuação e do grau de talento, quem já pesquisou o assunto reiteradamente sugere 10 mil horas. Esse parece ser o tempo de prática intensa indispensável para alguém atingir um alto nível de habilidade, e se aplica a artistas, escritores e atletas, entre outros. Em geral, 10 mil horas consistem em algo entre sete e dez anos de prática persistente – mais ou menos o período da aprendizagem tradicional. Em outras palavras, a prática concentrada ao longo do tempo sempre produz resultados.

Terceiro passo: Experimentação – Modo ativo

Essa é a parte mais curta do processo, mas, mesmo assim, um componente fundamental dele. Conforme adquire habilidade e confiança, você precisa avançar para um modo *ativo* de *experimentação*. Isso talvez signifique assumir mais responsabilidades, iniciar um projeto, fazer algum trabalho que o exponha a críticas dos colegas ou até do público. O objetivo é avaliar seu progresso e verificar se ainda há lacunas de conhecimento. Você passa a se observar em ação e a verificar como responde aos julgamentos alheios. É capaz de aceitar críticas e usá-las de maneira construtiva?

A maioria das pessoas espera demais para dar esse passo, geralmente por medo. É sempre mais fácil aprender as regras e continuar na zona de conforto. Em geral, você deve se forçar a experimentar e a realizar algo *antes de se considerar pronto*. Você está testando seu caráter, superando seus medos e desenvolvendo o senso de distanciamento em relação ao trabalho – observando-o com olhos alheios. É uma amostra da próxima fase, na qual tudo o que produzir estará sob constante escrutínio.

Você saberá quando sua aprendizagem terminar com base no sentimento de que nada restou para aprender nesse ambiente. É hora de declarar independência ou de avançar para outro lugar, a fim de prosseguir em sua aprendizagem e ampliar sua base de habilidades. Mais tarde na vida, ao se confrontar com alguma mudança de carreira ou com a necessidade de aprender novas aptidões, depois de ter passado por tudo isso, aquela primeira habilidade terá se tornado natural, automática. Você aprendeu a aprender.

Muita gente talvez considere a noção de aprendizagem e de aquisição de habilidades uma relíquia curiosa de épocas passadas, quando trabalho significava criar coisas. Afinal, entramos na era da informação e da computação, na qual a tecnologia passou a executar as atividades triviais que exigem prática e repetição. Tantas coisas se tornaram virtuais que hoje o modelo do artesão ficou obsoleto – é o que muitos argumentam.

Na verdade, porém, os dias de hoje, em vez de serem uma época em que tudo ficou mais fácil por causa da tecnologia, são tempos de grande complexidade, pois a tecnologia assumiu as tarefas fáceis e rotineiras, deixando para os humanos as mais difíceis, que exigem cada vez mais instrução e treinamento. Nos negócios, a competição se tornou globalizada e mais intensa. Os empresários e empreendedores precisam desenvolver uma visão muito mais ampla que no passado, o que requer mais conhecimentos e habilidades. O futuro das ciências está na interdisciplinaridade e no cruzamento de conhecimentos de vários campos. Nas artes, os gostos e os estilos estão mudando em ritmo acelerado. Os artistas devem se manter no topo do processo e ser capazes de criar novas formas, sempre mantendo-se à frente das tendências. Em geral, isso requer mais que apenas conhecimentos especializados de determinada forma de arte – demanda o conhecimento de outras artes, até das ciências, e do que está acontecendo no mundo.

Em todas essas áreas, exige-se cada vez mais do cérebro humano. Estamos lidando com vários campos de conhecimento, em interação constante com o nosso, e todo esse caos aumentou exponencialmente com a disponibilidade em tempo real de volumes crescentes de informação. Como consequência, todos nós devemos desenvolver diferentes conhecimentos e dominar um vasto conjunto de aptidões, em diversas áreas, além de cultivar a capacidade mental de organizar a ampla variedade de informações. O futuro pertence a quem aprender mais habilidades e for capaz de combiná-las de formas criativas. E esse processo de aprendizado, por mais virtual que seja, continua o mesmo.

No futuro, a grande divisão será entre os que se prepararam para lidar com essas complexidades e aqueles que se deixaram sufocar por elas – entre os que são capazes de desenvolver habilidades e disciplinar a mente e aqueles que se deixam distrair por todas as mídias ao redor e não conseguem se concentrar no aprendizado.

A fase de aprendizagem é mais relevante e mais importante do que nunca, e os que a menosprezarem certamente ficarão para trás.

Estratégias para completar a aprendizagem ideal

Não pense que aquilo que você não consegue dominar é humanamente impossível; e, se é humanamente possível, está a seu alcance.

– MARCO AURÉLIO,
imperador romano e filósofo

Ao longo da história, os Mestres de todas as áreas conceberam para si mesmos várias estratégias que os ajudaram a buscar e a completar a aprendizagem ideal. Conheça a seguir oito estratégias clássicas, extraídas de suas trajetórias. Ainda que algumas pareçam mais relevantes que outras para as circunstâncias, cada uma delas se relaciona com verdades fundamentais sobre o processo de aprendizado em si, que vale a pena internalizar.

1. Valorize o aprendizado, nunca o dinheiro

É inerente ao ser humano que os pensamentos se concentrem naquilo que mais valorizam. Se seus principais interesses giram em torno de dinheiro, você escolherá um local para a sua aprendizagem que ofereça os melhores salários. Inevitavelmente, nesses lugares, você sentirá maior pressão para se provar à altura da remuneração, muitas vezes até antes de estar de fato preparado. Nesses casos, você se concentrará em si mesmo, em suas inseguranças, na necessidade de agradar e de impressionar as pessoas certas, e não na aquisição de habilidades. Será muito dispendioso cometer erros e aprender com eles, o que o levará a adotar uma abordagem cuidadosa e conservadora. À medida que progride na vida, ficará viciado na alta remuneração, o que passará a determinar para onde vai, como pensa e o que faz. Mais cedo ou mais tarde, o tempo que não foi dedicado ao aprendizado comprometerá sua carreira, e a queda será dolorosa.

É preciso valorizar o aprendizado acima de tudo; atitude que o orientará para todas as escolhas certas. Você deverá optar pelas situações que lhe oferecerem as melhores oportunidades de aprendizado, em especial as que envolverem atividades práticas. Escolha um lugar onde haja pessoas capazes de inspirá-lo e instruí-lo. Um salário medíocre ao menos o prepara para se virar com menos – uma habilidade fundamental. Se a aprendizagem ocorrer principalmente durante o seu tempo livre (um autoaprendizado), você preferirá um lugar que pague as contas – talvez algum que mantenha seu raciocínio afiado, mas que também lhe ofereça tempo e espaço mental para desenvolver trabalhos de valor por conta própria. Jamais despreze o aprendizado sem remuneração. Uma atitude muito sábia é escolher o mentor perfeito e lhe oferecer seus serviços de graça. Feliz por contar com sua contribuição gratuita e entusiasmada, é provável que esse mentor revele mais que os segredos comerciais de praxe. No fim das contas, por valorizar o aprendizado acima de tudo, você terá preparado o cenário para sua expansão criativa, e o dinheiro virá como consequência.

2. Amplie seus horizontes

Para muitos, esta é a realidade da fase de aprendizagem – ninguém vai ajudá-lo ou orientá-lo na formação de um aprendizado. Caso seu intuito seja aprender e se preparar para a maestria, você terá que fazê-lo por contra própria e com determinação. Ao entrar nessa fase, o ponto de partida é, em geral, a posição mais baixa. Seu acesso ao conhecimento e às pessoas é limitado por seu status.

Se não for cuidadoso, você aceitará esse status e passará a ser definido por ele. Em vez disso, você precisa lutar contra todas as limitações e se empenhar o tempo todo em expandir seus horizontes. Ler livros e todo material disponível além do que lhe é exigido é sempre uma boa estratégia. Ao se expor às ideias do mundo mais amplo, você tenderá a ansiar por cada vez mais conhecimentos; será difícil se satisfazer em algum canto estreito, o que é exatamente o objetivo. Você encara a realidade de saber pouco e de que precisa aprender o necessário, sem nunca se restringir aos assuntos que vai aprender nem às habilidades que vai adquirir.

Os indivíduos na sua área, no seu meio, são como mundos em si – suas histórias e visões expandirão seus horizontes e desenvolverão suas habilidades sociais. Interaja com a maior variedade possível de pessoas. Seus círculos sociais se ampliarão aos poucos. Estudar em qualquer tipo de instituição de ensino acelerará essa dinâmica. Seja implacável na busca de expansão. Se você constatar que está se acomodando em determinado círculo, esforce-se para sacudir a poeira e buscar novos desafios. Com a expansão de seus horizontes, você redefinirá os limites de seu mundo aparente. Em breve, ideias e oportunidades baterão à sua porta, e você naturalmente vai desenvolver seu aprendizado.

3. Assuma um sentimento de inferioridade

O que impede o aprendizado não é o tema em si, não importa a dificuldade – a mente humana tem capacidades ilimitadas –, mas, sim, certas barreiras que tendem a contaminar nossa mente conforme envelhecemos. Aí se incluem o senso de presunção e de superioridade sempre que encontramos algo diferente, assim como ideias rígidas sobre o que é real ou verdadeiro, com base no que nos é doutrinado pela família e pela escola. Se achamos que sabemos algo, nossa mente se fecha para outras possibilidades. Vemos reflexos da verdade que já pressupomos. Esses sentimentos de superioridade costumam ser inconscientes e decorrem do medo do que é diferente ou desconhecido. Raramente temos consciência dessas limitações e quase sempre nos consideramos modelos de imparcialidade. Em geral, as crianças não estão sujeitas a essas restrições. Elas dependem dos adultos para a sobrevivência e se sentem naturalmente inferiores. Esse sentimento de inferioridade as torna ávidas de aprendizado. Assim, podem transpor o abismo e não se sentir tão impotentes. A mente delas é completamente aberta; prestam muita atenção em tudo. Por isso aprendem com tanta rapidez e profundidade. Ao contrário de outros animais, nós, humanos, conservamos uma característica conhecida como neotenia – traços mentais e físicos de imaturidade – em fase adulta já avançada. Temos a extraordinária capacidade de voltar à infância, sobretudo quando devemos aprender algo. Mesmo quando já temos 50 anos ou mais, podemos manifestar aquele senso de admiração e de curiosidade, tão típico da juventude e da fase de aprendizagem.

Entenda que, quando entramos em um novo ambiente, nossa tarefa é aprender e assimilar o máximo possível. Para isso, é preciso retornar ao sentimento de inferioridade da infância – à sensação de que os outros sabem muito mais e que dependemos deles para aprender e para transitar com segurança na fase de aprendizagem. Isso significa descartar seus preconceitos sobre determinado ambiente ou área, abandonando qualquer resquício de arrogância. Nessas condições, você não tem medo, interage com as pessoas e participa da cultura delas de maneira intensa, pois está cheio de curiosidade. Ao assumir essa posição de inferioridade, sua mente se abrirá e você terá fome de aprender. Evidentemente, essa posição é apenas temporária. Você desenvolve o sentimento de subordinação para que, em cinco ou dez anos, tenha aprendido o bastante de modo a declarar sua independência e ingressar de forma plena na idade adulta.

4. Confie no processo

O que distingue os Mestres de outras pessoas é, em geral, algo surpreendentemente simples. Sempre que aprendemos uma habilidade, não raro chegamos a um ponto de frustração – o que estamos aprendendo parece além de nossas capacidades. Ao nos entregarmos a esses sentimentos, inconscientemente desistimos de nós mesmos antes de abandonar a tarefa. A diferença entre as pessoas que são bem-sucedidas e as que não são não é apenas uma questão de determinação, e sim de confiança e fé. Muitas das pessoas que são bem-sucedidas viveram na juventude a experiência de terem dominado alguma habilidade – um esporte ou jogo, um instrumento musical, uma língua estrangeira, ou qualquer outra coisa. Enterrada em sua mente, encontra-se a sensação de haver superado suas frustrações e de ter entrado no ciclo de retornos acelerados. Hoje, quando estão em dúvida, as lembranças da experiência passada vêm à tona. Enchendo-se de confiança no processo, elas persistem, ao passo que as outras desaceleram e entregam os pontos.

Quando se trata de dominar uma habilidade, o tempo é o ingrediente mágico. Supondo que sua prática prossiga em nível constante, ao longo de dias e semanas, certos fatores que contribuem para a habilidade ficam entranhados no organismo. Aos poucos, toda a habilidade é internalizada, como parte de seu sistema nervoso. A mente não mais se perde nos detalhes e passa a ver o panorama mais amplo. É uma sensação milagrosa, e a prática o levará a esse ponto, não importa o nível de talento inato. Os únicos impedimentos verdadeiros para chegar a esse nível são você mesmo e suas emoções – monotonia, pânico, frustração, insegurança. Não há como suprimir essas emoções; elas são inerentes ao processo e são experimentadas por todos, inclusive pelos Mestres. O que se pode fazer é ter fé no processo. O tédio desaparece quando se entra no ciclo. O pânico vai embora depois de repetidas exposições. A frustração é sinal de progresso – indício de que a mente está processando a complexidade e exige mais prática. As inseguranças se transformam em confiança quando se conquista a maestria. Certo de que tudo isso ocorrerá, você permitirá o avanço do processo natural de aprendizado e tudo o mais se encaixará.

5. Aumente a resistência e supere a dor

Por natureza, nós nos retraímos diante de algo que se revele doloroso ou demasiado difícil. Levamos essa tendência natural para a prática de qualquer habilidade. Ao treinarmos alguma habilidade, quase sempre nos dedicamos mais aos aspectos em que temos mais facilidade e evitamos as facetas em que somos menos capazes. Sabendo que, em nossa prática, podemos baixar a guarda, uma vez que não estamos sendo observados nem nos sentimos sob pressão, adquirimos o hábito da atenção difusa. Também costumamos ser muito tradicionais em nossa rotina. Em geral nos limitamos ao que todos fazem, praticando os mesmos exercícios convencionais.

Esse é o caminho dos amadores. Para alcançar a maestria, é preciso adotar o que denominaremos Prática da Resistência. O princípio é simples: você avança na direção oposta a todas as tendências naturais quando se trata de praticar. Primeiro, *resiste* à tentação de ser agradável consigo mesmo. Torna-se seu crítico mais severo; enxerga seu trabalho com olhos alheios e reconhece suas fraquezas. Esses são os aspectos a que dá prioridade em sua prática. Você sente uma espécie de prazer doentio em superar o desconforto que isso lhe traz. Segundo, *resiste* à tentação de relaxar o foco. Você se condiciona a se concentrar na prática com o dobro da intensidade que aplica na vida real, como se fosse a realidade duplicada. Ao elaborar rotinas, torna-se o mais criativo possível. Inventa exercícios que trabalham seus pontos fracos. Assume prazos rígidos para cumprir certas exigências, forçando-se constantemente a superar os limites que atribuiu a si mesmo. Assim, você desenvolve seus próprios padrões de excelência, em geral mais altos que os de outros.

No fim das contas, suas cinco horas de trabalho intenso e concentrado serão equivalentes a dez horas de trabalho para a maioria das pessoas. Em breve, você verá os resultados desse treinamento, e os outros ficarão admirados com a aparente facilidade com que você executa suas proezas.

6. Aprenda com o fracasso

Para se tornar um empreendedor, só existe realmente uma forma eficaz de aprendizado – o fracasso. É como trabalhar em uma máquina: quando um mecanismo não funciona bem, você não encara o fato como algo pessoal nem se deixa abater. É um mal que vem para o bem. Essas disfunções em geral revelam falhas intrínsecas e meios de aprimoramento. Você continua tentando até acertar. Assim deve ser nos seus primeiros empreendimentos. Os erros e fracassos também são formas de aprendizado. Eles lhe apontam suas próprias inadequações. É difícil chegar às mesmas conclusões com base nos comentários das pessoas, pois elas geralmente são parciais em seus elogios e críticas. Os fracassos também lhe permitem ver as falhas, que só se revelam na execução. Você aprende o que o público ou os clientes de fato querem, a discrepância entre suas ideias e o modo como afeta o consumidor.

Existem dois tipos de fracasso. O primeiro decorre de nunca experimentar suas ideias por não vencer o medo ou por sempre esperar o momento perfeito para colocá-las em prática. Nunca se aprende com esse fracasso por omissão, pois jamais se experimenta, e essa inação é fatal. O segundo resulta do espírito ousado e aventureiro. Nesse caso, os efeitos negativos sobre sua reputação são superados de longe pelos efeitos positivos do aprendizado. Os sucessivos fracassos vão fortalecer sua garra e lhe mostrarão com absoluta clareza como as coisas devem ser feitas. De fato, obter o sucesso na primeira vez não deixa de ser uma forma de maldição, pois não se leva em conta o fator sorte e se começa a pensar que se tem o dom de transformar tudo em ouro. Quando o fracasso, em geral inevitável, acabar ocorrendo, você se sentirá confuso e desmotivado. Em todo caso, para aprender como um empreendedor, é preciso pôr em prática as ideias o mais cedo possível, expondo-as ao público, e uma parte de você deve até esperar o fracasso. Desse jeito, você só tem a ganhar.

7. Combine o "como" com o "o quê"

Nós, humanos, vivemos em dois mundos. Um é o mundo exterior, das aparências – com todas as coisas cujas formas cativam nossos olhos. No entanto, além dessa percepção imediata, esconde-se outro mundo – o de como tudo realmente funciona, sua anatomia ou composição, as partes que atuam juntas e formam o todo. Esse segundo mundo não é cativante de imediato, sendo também difícil de compreender. Não se trata de algo visível a olho nu, mas, sim, de atributos perceptíveis apenas pela mente que vislumbra a realidade. No entanto, esse "como" das coisas é igualmente poético depois que o compreendemos – nele se oculta o segredo da vida, de como as coisas se movimentam e mudam.

A divisão entre o "como" e o "o quê" pode ser aplicada a quase tudo ao nosso redor – vemos as máquinas, mas não como elas funcionam; vemos um grupo de pessoas produzindo algo como empresa, mas não como o grupo é estruturado e como os produtos são fabricados e distribuídos. (De maneira semelhante, tendemos a ficar fascinados pela aparência das pessoas, não pela psicologia por trás do que fazem ou dizem.) Ao superar essa divisão e combinar o "como" e o "o quê" da área de atuação, desenvolvemos um conhecimento muito mais profundo e integrado. Apreendemos uma parcela maior da realidade por trás do que produzimos.

Vivemos em um planeta caracterizado por uma triste dicotomia, que começou uns quinhentos anos atrás, quando arte e ciência se separaram. Os cientistas e técnicos passaram a viver em seu próprio mundo, concentrando-se principalmente no "como" das coisas. A maioria vive no mundo das aparências, usando essas coisas, sem de fato compreender como funcionam. Pouco antes da separação, o ideal do Renascimento foi combinar essas duas formas de conhecimento. Por isso a obra de Leonardo da Vinci continua a nos fascinar e o Renascimento ainda é um ideal. Esse conhecimento mais integrado é, de fato, o estilo do futuro, sobretudo agora que dispomos de muito mais informação.

Essa união deve ser parte de nossa aprendizagem. Precisamos estudar profundamente a tecnologia que usamos, o funcionamento do grupo em que trabalhamos, a economia de nossa área de atuação, sua essência. Devemos fazer perguntas o tempo todo – como as coisas funcionam, como se decide, como o grupo interage? Essa integração do conhecimento nos proporcionará uma compreensão mais profunda da realidade e, em consequência, nos tornará mais capazes de alterá-la.

8. Avance por tentativa e erro

Cada época tende a criar seu próprio modelo de aprendizagem, mais adequado ao sistema de produção vigente. Na Idade Média, durante a fase de formação do capitalismo moderno e por força da necessidade de controle de qualidade, apareceu o primeiro sistema de aprendizagem, sob condições rigidamente definidas. Com o advento da Revolução Industrial, esse modelo se tornou em grande parte superado, mas a ideia básica sobreviveu na forma de autoaprendizagem – desenvolver-se por conta própria, dentro de determinado campo, como fez Darwin em biologia. Era algo compatível com o espírito cada vez mais individualista da época. Hoje, estamos na era da informação, com os computadores dominando quase todos os aspectos da vida comercial. Embora as condições atuais influenciem de muitas maneiras o conceito de aprendizagem, é a abordagem do hacker à programação que pode oferecer o modelo mais promissor dessa nova era.

O modelo é mais ou menos o seguinte: o objetivo é aprender o máximo de habilidades possível, ao sabor das circunstâncias, mas só se elas se alinharem com seus interesses mais profundos. Como um hacker, você valoriza o processo de autodescoberta e de produção de algo da mais alta qualidade. Evita a armadilha da carreira predeterminada. Não tem certeza de para onde tudo isso o levará, mas aproveita ao máximo as informações, os conhecimentos e as habilidades à disposição. Você verifica que tipo de trabalho é mais compatível com suas peculiaridades e o que deve ser evitado a qualquer custo. Avança por tentativa e erro, como acontecia nos seus 20 anos. Você é o programador desse amplo processo de aprendizagem, sob as restrições não muito rígidas de seus interesses pessoais.

Você não divaga por medo de assumir compromissos, mas por querer expandir sua base de habilidades e suas possibilidades. A certa altura, quando estiver pronto para começar algo, as ideias e oportunidades sem dúvida surgirão. Quando isso acontecer, todas as habilidades que você acumulou se revelarão inestimáveis. Você será o Mestre capaz de combiná-las de maneira singular, compatível com sua individualidade. Talvez você persista nesse lugar ou ideia durante vários anos, acumulando, em consequência, ainda mais habilidades, para depois avançar em direção ligeiramente diferente, no momento oportuno. Nessa nova era, quem segue um único caminho rígido, escolhido na juventude, com frequência se vê em um beco sem saída profissional quando chega aos 40 anos, quase sempre se sentindo sufocado pela monotonia. A aprendizagem abrangente dos 20 anos renderá o oposto – a expansão das possibilidades à medida que se envelhece.

III

Incorpore o poder do Mestre: A dinâmica do mentor

A vida é curta, e seu tempo de aprendizado e criatividade é limitado. Sem qualquer orientação, você pode desperdiçar anos valiosos na tentativa de desenvolver conhecimentos e prática, recorrendo a várias fontes. Em vez disso, é preciso seguir o exemplo deixado pelos Mestres, ao longo das eras, e encontrar um bom mentor. A relação mentor-aprendiz é a forma de aprendizado mais eficiente e mais produtiva. Bons mentores sabem onde concentrar sua atenção e como desafiar você. Eles lhe transferem seus conhecimentos e experiências. Fornecem feedback imediato e realista sobre seu trabalho, para que você possa melhorá-lo rapidamente. Escolha o mentor que melhor atende às suas necessidades e que mais se liga à sua Missão de Vida. Depois de ter internalizado o conhecimento dele, é necessário avançar e nunca ficar à sua sombra. Seu objetivo é superar os mentores em maestria e brilhantismo.

A ALQUIMIA DO CONHECIMENTO

Tendo crescido na pobreza, em Londres, Michael Faraday (1791-1867) parecia destinado a trilhar um caminho desde que nasceu – ele seguiria os passos do pai e se tornaria ferreiro ou exerceria algum outro ofício manual. Suas opções eram muito limitadas pelas circunstâncias. Eram dez filhos para sustentar. O pai nem sempre podia trabalhar, acometido por doenças, e a renda familiar era insuficiente para tanta gente. Todos esperavam pelo dia em que o jovem Faraday completasse 12 anos e pudesse trabalhar ou começar algum tipo de aprendizagem.

No entanto, ele tinha uma característica que o tornava potencialmente diferente – sua mente era muito ativa, algo que talvez o contraindicasse para uma carreira que exigia, acima de tudo, trabalho físico. Quando não estava ajudando a mãe em tarefas diversas, perambulava pelas ruas centrais de Londres, observando o mundo ao redor com extremo interesse. A natureza, assim lhe parecia, envolvia inúmeros segredos que ele queria analisar e desvendar. Tudo lhe chamava a atenção, e sua curiosidade era ilimitada. Ele fazia inúmeras perguntas aos pais, ou a quem encontrasse, sobre plantas, minerais ou qualquer ocorrência natural aparentemente inexplicável. Parecia sedento de conhecimento e muito frustrado pela falta de meios para obtê-lo.

Um dia, entrou numa loja que encadernava e vendia livros. A visão de tantos volumes reluzentes nas prateleiras o impressionou. Sua escolaridade fora mínima e ele só conhecera um livro em sua vida, a Bíblia. Para Faraday, que vinha de uma família muito religiosa, as palavras impressas na Bíblia tinham uma espécie de poder mágico. Ele imaginava que cada um dos livros daquela loja abria diferentes mundos de conhecimento, uma espécie de mágica em si mesma.

O dono da loja, George Riebau, ficou encantado pela reverência do jovem por seus livros. Estimulou-o a voltar e logo Faraday começou a frequentar a livraria. Para ajudar a família, Riebau ofereceu-lhe emprego como entregador. Impressionado com sua ética de trabalho, convidou-o então a trabalhar na loja como aprendiz de encadernador. Feliz da vida, Faraday aceitou e, em 1805, iniciou sua aprendizagem de sete anos.

Nos primeiros meses de trabalho, cercado por todos aqueles livros, o jovem mal conseguia acreditar em sua sorte – livros novos eram raros naqueles dias, itens de luxo para os ricos. Nem mesmo as bibliotecas públicas continham o que se encontrava na loja de Riebau. O proprietário incentivou-o a ler tudo o que quisesse nas horas de folga, e Faraday seguiu seu conselho, devorando quase todas as obras que passavam por suas mãos. Uma tarde, ele leu o verbete de uma enciclopédia com as descobertas mais recentes em eletricidade e, de repente, sentiu que tinha encontrado sua vocação na vida. Lá estava um fenômeno invisível aos olhos, mas que se manifestava e se quantificava por meio de experimentos. O processo de descobrir os fenômenos da natureza mediante experimentos o deixou fascinado. A ciência, achava ele, era um grande questionamento sobre os mistérios da própria Criação. De algum modo, ele se tornaria cientista.

Aquele não era um objetivo realista, e ele sabia muito bem disso. Na Inglaterra da época, o acesso a laboratórios e às ciências era liberado apenas aos que tinham educação universitária, o que implicava pertencer às classes superiores. Como um aprendiz de encadernador poderia sonhar em superar tantas adversidades? Mesmo que tivesse energia e vontade para tentar, não dispunha de professores, nem de orientação, nem de estrutura, nem de métodos de estudo. Então, em 1809, a loja recebeu um livro que, enfim, lhe deu alguma esperança. O título era *Improvement of the Mind* (Aprimoramento da mente), guia de autoajuda escrito pelo reverendo Isaac Watts, publicado em 1741. O livro descrevia um sistema de aprendizado e de melhoria das condições de vida, não importava a classe social do leitor. Recomendava práticas que qualquer pessoa podia adotar e prometia resultados. Faraday leu-o repetidas vezes e o levava consigo para onde quer que fosse.

Também seguiu os conselhos do livro ao pé da letra. Para Watts, o aprendizado devia ser um processo ativo. Ele recomendava ao leitor não apenas ler sobre descobertas científicas, mas também refazer os experimentos que levaram a elas. Dessa forma, com a bênção de Riebau, Faraday iniciou uma série de experimentos básicos em eletricidade e química numa sala nos fundos da loja. Watts defendia a importância de ter professores, em vez de apenas aprender com os livros. Faraday, diligente, começou a participar de numerosas palestras sobre ciências, que, na época, eram muito comuns em Londres. Watts sugeria ainda que os participantes não se limitassem a ouvir as palestras, mas que fizessem anotações minuciosas, para depois relê-las e praticá-las, quando fosse o caso – processo que fixava mais profundamente os novos conhecimentos no cérebro. Faraday iria ainda mais longe.

Enquanto assistia às palestras do cientista John Tatum, cada semana sobre um tópico diferente, ele anotava as descrições e os conceitos mais importantes, esboçava rapidamente os vários instrumentos usados por Tatum e diagramava os experimentos. Nos dias subsequentes, convertia as notas em descrições e, depois, em capítulos inteiros sobre o tema, narrados e ilustrados de maneira elaborada. Depois de um ano, ele havia acumulado volumosa enciclopédia científica, criada por ele mesmo. Seus conhecimentos sobre ciências se multiplicaram e assumiram uma espécie de forma organizacional moldada por suas anotações.

Um dia, Riebau mostrou esse conjunto impressionante de anotações a um cliente chamado William Dance, membro da prestigiosa Royal Institution, organização cujo objetivo era promover os mais recentes avanços em ciências. Folheando os capítulos de Faraday, Dance ficou perplexo com a clareza e a concisão com que ele resumia assuntos complexos. E resolveu convidar o jovem para assistir a uma série de palestras do renomado químico Humphry Davy na Royal Institution, da qual Davy era diretor do laboratório de química.

Os ingressos para as palestras já estavam esgotados havia algum tempo e aquele era um privilégio raro para um jovem com as origens de Faraday. Davy era um dos mais destacados cientistas da época. Havia feito numerosas descobertas e estava desenvolvendo o novo campo da eletroquímica. Seus experimentos com vários gases e produtos químicos eram muito perigosos e tinham provocado diversos acidentes. Essas condições apenas reforçavam ainda mais sua reputação como guerreiro destemido da ciência. Suas palestras eram espetáculos – ele tinha um jeito teatral de se apresentar, executando experimentos inteligentes diante de um público perplexo. Seus antecedentes eram modestos e ele alcançara os mais elevados níveis da ciência depois de conquistar a atenção de alguns mentores valiosos. Para Faraday, Davy era o único cientista vivo que podia servir-lhe de modelo, porque ele também não desfrutara de educação formal sólida.

Faraday sempre chegava cedo às palestras; sentava-se na primeira fileira e assimilava todos os aspectos das explanações de Davy, fazendo anotações mais do que detalhadas. Essas palestras produziram em Faraday efeitos diferentes dos de outras a que havia assistido. Elas sempre o inspiravam, mas ele não podia deixar de se sentir um tanto desanimado. Depois de todos aqueles anos de estudos como autodidata, conseguira expandir seus conhecimentos sobre ciências e sobre o mundo natural. Mas a ciência não é apenas o acúmulo de informações. Também constitui uma maneira de pensar, um modo de abordar os problemas. O espírito científico é criativo – Faraday conseguia senti-lo na presença de Davy. Como cientista amador, seus conhecimentos eram unidimensionais e não levariam a lugar algum. Ele precisava passar para o lado de dentro, onde pudesse desenvolver experiência prática, pôr mãos à obra, a fim de tornar-se parte da comunidade e aprender a pensar como cientista. Para se aproximar desse espírito científico e absorver sua essência, ele necessitava de um mentor.

Parecia uma busca impossível, mas, com sua aprendizagem chegando ao fim e enfrentando a possibilidade de ser encadernador de livros pelo resto da vida, Faraday entrou em desespero. Escreveu cartas para o presidente da Royal Society e candidatou-se aos empregos mais triviais em qualquer tipo de laboratório. Embora persistisse, os meses se passavam sem resultados. Até que um dia ele recebeu uma mensagem do gabinete de Humphry Davy. O químico ficara temporariamente cego em consequência de outra explosão em seu laboratório na Royal Institution, condição que deveria se prolongar por alguns dias. Durante esse período, ele precisaria de um assistente pessoal para fazer anotações e organizar seus materiais. O Sr. Dance, bom amigo de Davy, havia recomendado o jovem Faraday para o trabalho.

Parecia haver algo de mágico naquela ocorrência. Faraday deveria tirar o máximo proveito da oportunidade, fazer o que pudesse para impressionar o grande químico. Intimidado pela presença de Davy, Faraday ouviu atento todas as suas instruções e foi além do que lhe tinha sido pedido. Quando Davy recuperou a visão, agradeceu a Faraday pelo trabalho, mas deixou claro que a Royal Institution já tinha um assistente de laboratório e que não havia vaga para ele em qualquer nível.

Faraday se sentiu desanimado, mas não se deixou abater nem pensou em desistir. Não permitiria que esse fosse o fim. Apenas alguns dias na presença de Humphry Davy haviam revelado muitas oportunidades de aprendizado. Davy gostava de falar sobre suas ideias à medida que lhe ocorriam e de receber feedback de qualquer pessoa próxima. Ao discutir com Faraday um experimento que estava planejando, ofereceu ao jovem um lampejo de como sua mente funcionava, e foi fascinante. Davy seria o melhor dos mentores, e Faraday resolveu fazer com que isso acontecesse. Voltou, então, às anotações que produzira a partir das palestras de Davy. Converteu-as em um livreto muito bem organizado, cuidadosamente escrito à mão, e cheio de esboços e diagramas. Enviou-o para Davy como presente. Algumas semanas depois, escreveu-lhe um bilhete, lembrando-o do experimento que havia mencionado, mas do qual provavelmente já se esquecera – Davy era conhecido pela distração. Faraday não recebeu nenhuma notícia. Até que um dia, em fevereiro de 1813, foi chamado à Royal Institution.

Naquela mesma manhã, o assistente de laboratório da instituição fora demitido por insubordinação. Eles precisavam substituí-lo de imediato e Davy recomendara o jovem Faraday. O trabalho envolvia principalmente limpeza de recipientes e de equipamentos, faxina do laboratório e manutenção das lareiras. O salário era baixo, bem aquém do que poderia receber como encadernador, mas Faraday, mal acreditando na sua sorte, o aceitou no ato.

Sua instrução – em nada parecida com o progresso que fizera por conta própria – foi tão rápida que o surpreendeu. Sob a supervisão do mentor, aprendeu a preparar as misturas químicas de Davy, inclusive algumas das variedades mais explosivas. Também assimilou os rudimentos da análise química, com talvez o maior praticante vivo da arte. Suas atribuições começaram a crescer, até que passou a ter acesso ao laboratório para seus próprios experimentos. Trabalhava dia e noite para pôr em ordem o laboratório e as prateleiras. Observava Davy atentamente em seu ofício, registrando a tamanha criatividade com que concebia experimentos cruciais para concretizar suas ideias. Aos poucos, o relacionamento entre os dois se aprofundou – Davy realmente o via como uma versão jovem de si mesmo.

Em 1821, porém, Faraday se viu diante de uma realidade desagradável: Davy estava limitando sua evolução. Depois de oito anos de intensa aprendizagem, ele era agora um químico exímio pelos próprios méritos, com conhecimentos crescentes de outras ciências. Vinha realizando pesquisas independentes, mas Davy ainda o tratava como assistente, fazendo-o enviar pacotes de moscas mortas para suas iscas de pesca e atribuindo-lhe outras tarefas triviais.

Davy o resgatara do ofício de encadernação. Faraday lhe devia tudo, mas agora tinha 30 anos e, se não declarasse independência o mais breve possível, seus anos mais criativos seriam desperdiçados como assistente de laboratório. No entanto, sair de maneira negativa comprometeria seu nome na comunidade científica, sobretudo considerando sua falta de reputação como cientista autônomo. Então, finalmente, Faraday descobriu uma chance de se separar do mentor, e a explorou ao máximo.

Cientistas em toda a Europa estavam fazendo descobertas sobre as relações entre eletricidade e magnetismo, mas seus efeitos recíprocos eram estranhos – gerando um movimento que não era nem linear nem direto; mas, sim, aparentemente, mais circular. Nada na natureza se assemelhava àquilo. Como revelar a forma exata desse efeito ou movimento tornou-se o grande propósito da comunidade científica, Davy logo se envolveu nisso. Trabalhando com um colega cientista, William Hyde Wollaston, eles propuseram a ideia de que o movimento criado pelo eletromagnetismo era mais como uma espiral. Com a participação de Faraday em seus experimentos, eles conceberam uma forma de desdobrar o movimento em pequenos incrementos que poderiam ser medidos. Depois de agregar todos os movimentos parciais, o resultado mostraria o movimento em espiral.

Mais ou menos na mesma época, um amigo próximo pediu a Faraday que escrevesse uma resenha de tudo o que então se sabia sobre eletromagnetismo para um periódico tradicional, o que o levou a empreender um estudo rigoroso sobre o assunto. Raciocinando como seu mentor, especulou que deveria haver um meio de demonstrar fisicamente, de maneira contínua, o movimento gerado pelo eletromagnetismo, para que ninguém pudesse questionar os resultados. Uma noite, em setembro de 1821, vislumbrou como seria esse experimento, e partiu para a ação. Com um ímã em forma de barra seguro em posição vertical sobre um copo com mercúrio líquido (metal que conduz eletricidade), Faraday mergulhou um arame suspenso, preso a uma rolha como boia, no mercúrio. Quando o arame ficou carregado de eletricidade, a rolha se movimentou em torno do ímã em trajetória cônica exata. O experimento reverso (com o arame seguro na água) revelou o mesmo padrão.

Essa foi a primeira vez na história que a eletricidade foi usada para gerar movimento contínuo, base precursora de todos os motores elétricos. Embora o experimento fosse muito simples, apenas Faraday o imaginara com tanta clareza. Assim, revelava um estilo de pensamento em grande parte resultante da tutela de Davy. Empolgado com a proeza, apressou-se em divulgar os resultados.

Entretanto, no afã de publicar seu relatório, Faraday se esqueceu de mencionar as pesquisas anteriores de Wollaston e Davy. Logo, difundiram-se rumores de que Faraday plagiara o trabalho dos dois cientistas. Reconhecendo o erro, Faraday se encontrou com Wollaston e lhe mostrou como havia chegado àqueles resultados, independentemente de qualquer trabalho alheio. Wollaston concordou e não voltou ao assunto. Mas os rumores continuavam, e logo ficou claro que a fonte deles era o próprio Davy. Este se recusou a aceitar as explicações de Faraday, sem que ninguém soubesse por quê. Quando Faraday foi nomeado para a Royal Society por causa de sua descoberta, foi Davy, como presidente, quem tentou impedir a sua posse. Um ano depois, quando Faraday fez outra importante descoberta, Davy reivindicou parte dos créditos. Ele parecia acreditar que havia criado Faraday do nada e que, portanto, era o verdadeiro autor de todos os seus feitos.

Faraday já vira o suficiente – o relacionamento entre os dois basicamente estava terminado. Jamais voltaria a se corresponder com o ex-mentor. Agora, desfrutando de autoridade na comunidade científica, Faraday podia agir como desejasse. Seus próximos experimentos prepariam o terreno para todos os avanços mais importantes em energia elétrica e para as teorias que revolucionariam a ciência no século XX. Ele se tornaria um dos praticantes mais importantes da ciência experimental, ofuscando de longe a fama daquele que durante algum tempo foi seu orientador.

Caminhos para a maestria

No passado, as pessoas de poder projetavam uma aura de autoridade muito intensa. Parte dela emanava de suas realizações e parte da posição que ocupavam – como membros da aristocracia ou da elite religiosa. Ela produzia efeitos concretos e podia ser sentida; levava as pessoas a respeitar e a venerar quem a possuía. Ao longo dos séculos, porém, o lento processo de democratização corroeu essa aura de autoridade em todas as suas manifestações, até chegar ao ponto de sua quase inexistência nos dias de hoje.

Ninguém deve ser admirado ou venerado meramente pelas funções que exerce, sobretudo quando esses papéis decorrem de relacionamentos pessoais ou de origens sociais privilegiadas. No entanto, essa atitude de idolatria se transferiu para as pessoas que progrediram em consequência de suas realizações. Vivemos numa cultura que gosta de criticar e de desbancar qualquer forma de autoridade, de apontar as debilidades dos poderosos. Se ainda sentimos qualquer aura, é na presença de celebridades, diante de suas personalidades sedutoras. Parte desse ceticismo em relação à autoridade é saudável, principalmente na política. Contudo, quando se trata de aprendizado e da fase de aprendizagem, isso representa um problema.

Aprender exige senso de humildade. Precisamos admitir que algumas pessoas têm conhecimentos muito mais profundos que os nossos sobre nossa área de atuação. Essa superioridade não é consequência de talento natural nem de privilégio de qualquer espécie, mas de tempo e de experiência. No entanto, se não nos sentirmos bem com esse fato, se desconfiarmos de qualquer tipo de autoridade, sucumbiremos à crença de que podemos com a mesma facilidade aprender algo por conta própria, e de que ser autodidata é algo mais autêntico. Sentimos, talvez inconscientemente, que aprender com os Mestres e submeter-se à autoridade deles é, de alguma forma, um questionamento de nossas capacidades naturais. Mesmo que tenhamos professores na vida, tendemos a não prestar atenção em seus conselhos, não raro preferindo fazer as coisas à nossa maneira.

Entenda que tudo o que deve preocupá-lo nos primeiros estágios da carreira é adquirir conhecimentos práticos da maneira mais eficiente possível. Para tanto, durante a fase de aprendizagem, você precisará de mentores cuja autoridade reconhece e aos quais se submete. O reconhecimento de uma necessidade não diz nada essencial a seu respeito, a não ser sua condição temporária de debilidade, que o mentor o ajudará a superar.

A razão pela qual é preciso ter um mentor é simples: a vida é curta; estamos sujeitos a limitações de tempo e de energia. É possível aprender o que se precisa por meio de livros, da própria prática ou de conselhos ocasionais de outras pessoas, mas o processo é aleatório. As informações dos livros não são talhadas para as suas circunstâncias e peculiaridades; elas tendem a ser um tanto abstratas e difíceis de pôr em prática. Também se pode aprender com a experiência, mas talvez só depois de alguns anos se compreenda plenamente o significado do que aconteceu. É sempre possível praticar por conta própria, mas não se recebe feedback suficiente. A aprendizagem autodirigida é uma realidade em muitas áreas, mas o processo pode demorar dez anos, talvez mais.

Os mentores não oferecem atalhos, mas dinamizam o processo. Eles inevitavelmente tiveram seus próprios mentores, que lhes proporcionaram um conhecimento mais profundo de seus campos de estudo. Os anos de experiência subsequentes lhes ofereceram lições e estratégias inestimáveis a serem aprendidas. O conhecimento e a experiência deles se tornam seus; eles podem afastá-lo de atalhos ou de erros desnecessários. Eles o observam no trabalho e lhe fornecem feedback em tempo real, tornando sua prática mais eficiente. Ao trabalhar em estreito entrosamento com os mentores, você absorve a essência do espírito criativo deles, que, agora, pode adaptar ao seu próprio estilo. O que você demorou dez anos para fazer sozinho poderia ter sido feito em cinco anos, com a orientação adequada.

O que torna tão intensa a dinâmica mentor-aprendiz é a qualidade emocional do relacionamento. Por natureza, o mentor se sente emocionalmente comprometido com a educação do aprendiz, enquanto este também se sente emocionalmente atraído pelo mentor – admiração por suas realizações, desejo de seguir seu exemplo, e assim por diante.

Com essa conexão de mão dupla, ambos se abrem um para o outro com uma intensidade que vai além da dinâmica normal professor-aluno.

Pense da seguinte maneira: o processo de aprendizado se assemelha à prática medieval da alquimia. O objetivo dos alquimistas era encontrar um modo de transformar metais ou rochas em ouro. Eles buscavam o que era conhecido como pedra filosofal – uma substância que daria vida aos metais e rochas inertes e mudaria organicamente sua composição química, convertendo-os em ouro. Embora nunca tenha sido descoberta, a pedra filosofal tem sua relevância como metáfora. O conhecimento necessário para se tornar Mestre existe no mundo lá fora: é como o metal ou a rocha. Esse conhecimento precisa ser estimulado e ganhar vida dentro do aprendiz, transformando-se em algo ativo e relevante dentro do seu contexto específico. O mentor atua como a pedra filosofal – por meio da interação direta com a experiência de alguém, é capaz de aquecer e animar esse conhecimento com eficiência, transformando-o em algo como ouro.

Para atrair o Mestre certo que lhe sirva de mentor, é preciso introduzir um forte elemento de serventia. Você tem algo tangível e prático a oferecer-lhe, além de sua juventude e energia. Antes de conhecê-lo pessoalmente, Davy sabia da ética de trabalho e da capacidade de organização de Faraday. Essas qualidades por si sós já faziam dele um bom assistente. Considerando esse exemplo, talvez não seja o caso de partir em busca de mentores antes de desenvolver habilidades elementares e de cultivar a disciplina – ou seja, atributos que possam interessá-los.

Quase todos os Mestres e pessoas poderosas estão sujeitas ao excesso de demandas a atender e de informações a processar, o que exerce fortes pressões sobre seu tempo. Você precisa demonstrar mais capacidade de ajudá-los a se organizar nessas frentes que outras pessoas também empenhadas em conquistar-lhes a atenção. Assim, será muito mais fácil despertar o interesse deles pelo relacionamento.

O ideal é manter tanta interação pessoal com o mentor quanto possível. O relacionamento virtual nunca é suficiente. Certas deixas e sutilezas só podem ser captadas no relacionamento cara a cara – como certa maneira de fazer as coisas, que evoluiu por meio de muita experiência. Só mediante a exposição constante ao processo mental de Davy é que Faraday compreendeu o poder do experimento certo para demonstrar uma ideia, algo que adaptaria mais tarde às próprias características com grande êxito.

Os mentores têm pontos fortes e fracos. Os melhores lhe permitem desenvolver seu próprio estilo e, então, aceitam que você os deixe na hora certa. Esses às vezes continuam amigos e aliados para o resto da vida. Mas, em geral, ocorre o oposto. Eles se tornam dependentes de seus serviços e procuram mantê-lo sob a tutela deles. Invejam sua juventude e, inconscientemente, tentam tolhê-lo, ou se tornam demasiado críticos. Você precisa se conscientizar dessa tendência à medida que ela se desenvolve. Seu objetivo é aproveitar o máximo possível o contato com seu mentor, mas, a certa altura, talvez comece a pagar um preço alto demais pela tutoria se prolongá-la excessivamente. Sua submissão à autoridade deles não é de modo algum incondicional. Na verdade, seu objetivo, desde o início, é encontrar o rumo para a independência depois de assimilar e adaptar a sabedoria do mentor.

Você não deve sentir culpa quando chegar a hora de se afirmar. Em vez disso, como ocorreu com Faraday, é natural que você fique ressentido, e até aborrecido, com as tentativas do mentor de retê-lo, explorando essas emoções para desvencilhar-se dele sem qualquer sentimento de culpa.

Em todo caso, é provável que você venha a ter vários mentores na vida, como degraus rumo à maestria. Em cada fase, é preciso encontrar os mentores adequados, extraindo deles o relevante e, depois, afastando-se deles, sem sentir vergonha por isso. É a trajetória que seus próprios mentores devem ter percorrido – e é a maneira como o mundo funciona.

Estratégias para aprofundar a dinâmica do mentor

Recompensa-se mal o mentor quando se continua apenas pupilo.

– FRIEDRICH NIETZSCHE,
filósofo alemão

Você deve se submeter à autoridade dos mentores para aprender com eles e assimilar o máximo possível o poder que detêm, mas isso não quer dizer que você deva ficar passivo no processo. Em certos pontos críticos, você pode definir e impor a dinâmica e ajustá-la aos seus propósitos. As quatro estratégias a seguir vão ajudá-lo a explorar em plenitude o relacionamento e a transformar o conhecimento adquirido em energia criativa.

1. Escolha o mentor de acordo com suas necessidades e inclinações

A escolha do mentor certo é mais importante do que se supõe. Como a futura influência do mentor sobre o aprendiz é mais profunda do que se imagina, a escolha errada pode produzir um efeito negativo sobre a jornada para a maestria. O pupilo pode acabar assimilando convenções e estilos incompatíveis com as suas características, que o confundirão mais tarde. Se o mentor for dominador, é possível que o aprendiz se converta em uma imitação do Mestre pelo resto da vida, em vez de tornar-se Mestre pelos próprios méritos. Geralmente se erra ao escolher como mentor alguém que parece o mais bem informado, que tem uma personalidade cativante e que se destaque como sumidade no campo de atuação – razões que, na realidade, são superficiais. Não escolha simplesmente o primeiro mentor possível que cruzar o seu caminho. Prepare-se para se dedicar ao máximo a essa busca.

Ao selecionar o mentor, lembre-se de suas inclinações e de sua Missão de Vida, o que você almeja para si mesmo. O mentor escolhido deve se alinhar estrategicamente com esses fatores. Se o seu caminho for mais revolucionário, o mentor deverá ser aberto, progressista e não dominador. Se o seu ideal se encaixar melhor com um estilo idiossincrático, será preferível alguém que o faça se sentir bem consigo mesmo e que o ajude a transformar suas peculiaridades em maestria, em vez de tentar sufocá-las. Se você se sentir confuso e ambivalente sobre seus rumos, será útil escolher alguém capaz de orientá-lo a compreender com mais clareza seus anseios e preferências, uma pessoa importante da área que talvez não combine perfeitamente com seus gostos. Às vezes, parte do que o mentor nos mostra é algo que queremos evitar ou que preferiríamos combater de forma ostensiva. Nesse último caso, é desejável que, de início, você mantenha um pouco mais de distância emocional que a recomendada, em especial se o mentor for do tipo dominador. Com o passar do tempo, você descobrirá o que absorver e o que rejeitar.

A dinâmica do mentor reproduz algo da dinâmica parental ou da figura do pai. É um clichê afirmar que não se escolhe a família em que se nasce, mas, felizmente, tem-se liberdade para escolher os mentores. Nesse caso, a escolha certa talvez possa oferecer o que os pais não lhe deram – apoio, confiança, orientação e espaço para fazer as próprias descobertas. Procure mentores capazes de agir assim, e cuidado para não cair na armadilha oposta – escolher um mentor que lembre um de seus pais, inclusive com todos os seus traços negativos, ou você apenas restabelecerá as mesmas restrições que já o haviam tolhido de início.

2. Contemple o espelho que o mentor segura à sua frente

Alcançar a maestria exige persistência e contato constante com a realidade. Como aprendizes, pode ser difícil nos desafiarmos com objetividade e termos consciência de nossas fraquezas. O ritmo da vida atual torna isso ainda mais difícil. Enfrentar desafios e até tolerar sofrimentos ao longo do percurso a fim de se disciplinar já não são valores exaltados em nossa cultura. As pessoas relutam cada vez mais em dizer umas às outras as verdades sobre si mesmas – suas fraquezas, suas inadequações, suas falhas no trabalho. Mesmo os livros de autoajuda tendem a ser complacentes e lisonjeiros, dizendo o que queremos ouvir – que somos basicamente bons e que podemos conseguir o que almejamos seguindo algumas regras simples. Parece ser abusivo e prejudicial à autoestima das pessoas fazer-lhes críticas severas e realistas ou atribuir-lhes tarefas que as conscientizem de quanto ainda precisam avançar. Aliás, a indulgência e a tolerância, decorrentes do medo de magoar sentimentos, podem ser muito mais prejudiciais no longo prazo, pois dificulta a avaliação da própria situação e o desenvolvimento da autodisciplina, tornando as pessoas inaptas para os rigores da jornada rumo à maestria e debilitando sua força de vontade.

Os Mestres são indivíduos que, por natureza, sofreram para chegar a esse estágio. Enfrentaram críticas duras ao seu trabalho, dúvidas sobre seu progresso, retrocessos. Sabem em seu íntimo o que é necessário para alcançar a fase criativa e ir além. Como mentores, somente eles podem avaliar a extensão de nosso progresso, as debilidades de nosso caráter, as provações a serem superadas para avançarmos. Nos dias de hoje, é preciso receber do mentor a avaliação mais realista possível do mundo que nos cerca. É necessário buscá-la e aceitá-la de bom grado. Se possível, escolha um mentor conhecido por oferecer essa forma de amor severo. Se ele recuar diante dessa missão, force-o ao menos a mostrar-lhe um espelho que reflita sua imagem de aprendiz com toda a autenticidade. Induza-o a lhe oferecer desafios que revelem suas forças e fraquezas e que lhe deem todo o feedback possível, por mais difícil que seja. Acostume-se às críticas. A confiança é importante, mas, caso não se baseie em uma avaliação realista de suas capacidades, não passará de autoilusão. Por meio do feedback realista de seu mentor, você acabará adquirindo uma confiança muito mais substancial e valiosa.

3. Transforme as ideias dele

Na condição de aprendizes, todos enfrentamos o seguinte dilema: para aprender com os mentores, devemos ser abertos e completamente receptivos às suas ideias. Porém, se formos muito longe nesse processo, ficaremos tão marcados pela influência deles que não teremos espaço interno para gerar e desenvolver nossa própria voz, e passaremos a vida presos a ideias que não são nossas. A solução é simples e sutil: mesmo quando ouvimos e incorporamos as ideias dos mentores, precisamos preservar certa distância em relação a eles. Começamos adaptando sutilmente as ideias deles às nossas circunstâncias, alterando-as para que se enquadrem em nosso estilo e nossas inclinações. À medida que progredimos, podemos ficar mais ousados, e até focar nas falhas e fraquezas de algumas dessas ideias. Aos poucos, ajustamos os conhecimentos deles aos nossos moldes. À medida que adquirimos confiança e contemplamos nossa independência, podemos até competir com o mentor que já veneramos. Estabelecer o que nos diferencia de nosso mentor é parte importante de nosso autodesenvolvimento. Como disse Leonardo da Vinci: "Pobre é o aprendiz que não supera o mestre."

4. Crie uma dinâmica mentor-aprendiz

Em tese, não haveria limites para o que podemos aprender com mentores experientes. Na prática, porém, quase nunca é assim. Por várias razões: a certa altura, o relacionamento pode se tornar monótono; é difícil manter o mesmo nível de atenção do início. Começamos a nos ressentir um pouco da autoridade deles, sobretudo quando desenvolvemos nossas habilidades e as diferenças entre os mentores e os aprendizes diminuem. Além disso, as duas partes são de gerações diferentes, com visões de mundo diversas. De repente, alguns dos princípios acalentados pelos mentores tornam-se irreais ou irrelevantes para os pupilos, que, inconscientemente, se desinteressam. A única solução é evoluir para uma dinâmica mais interativa com os mentores. Se estes se adaptarem a algumas das ideias dos aprendizes, o relacionamento é revitalizado. Sentindo a abertura crescente dos mentores às suas contribuições, os pupilos ficam menos ressentidos. Passam a influenciar os instrutores com as próprias experiências e ideias, talvez descontraindo-os, para que os princípios deles não se prendam a dogmas.

Esse estilo de interação é mais compatível com nossa época democrática, e até pode se converter em ideal. Mas não deve se confundir com rebelião ou desrespeito. A dinâmica esboçada no início deste capítulo continua a mesma. O aprendiz entra no relacionamento com o máximo de admiração e atenção. Na condição de discípulo, você está totalmente aberto aos ensinamentos do mentor. Ao conquistar o respeito do Mestre por seu interesse e vontade de aprender, ele sentirá certo fascínio por você. Por meio do foco intenso, o pupilo melhora suas habilidades, o que lhe confere o poder de manifestar suas peculiaridades e necessidades. Também lhe oferece feedback em relação às instruções, talvez ajustando algumas de suas ideias. Isso deve partir de você, como aprendiz, na medida em que dá o tom, com sua fome de aprendizado. Com essa dinâmica de mão dupla estabelecida, o potencial de aprendizado e de fortalecimento da dinâmica mentor-aprendiz torna-se infinito.

IV

Veja as pessoas como realmente são: Inteligência social

Em geral, os maiores obstáculos à busca da maestria decorrem do desgaste emocional que experimentamos ao lidar com a resistência e com as manipulações a que estamos sujeitos por parte das pessoas ao redor. O principal problema que enfrentamos na arena social é nossa tendência ingênua de projetar nos outros nossas necessidades e nossos desejos emocionais. Inteligência social é a capacidade de ver aqueles que nos cercam da maneira mais realista possível. Ao superarmos nosso egocentrismo, podemos aprender a focar nos outros, compreendendo seus comportamentos em tempo real, interpretando de modo correto suas motivações e discernindo possíveis tendências manipuladoras. O sucesso alcançado sem inteligência social não decorre da verdadeira maestria e não será duradouro.

Pensar dentro

Em 1718, Benjamin Franklin (1706-1790) foi trabalhar como aprendiz na gráfica de seu irmão James, em Boston. O sonho dele era se tornar um grande escritor. Na gráfica, aprenderia não só a operar as máquinas, mas também a editar manuscritos. Cercado de livros e jornais, poderia estudar e aprender com muitos exemplos de textos bem redigidos.

À medida que a aprendizagem progredia, também se desenvolvia a educação literária que ele imaginara, e suas habilidades como escritor melhoravam substancialmente. Até que, em 1722, parecia que enfim teria a oportunidade perfeita como produtor de textos – o irmão se preparava para lançar seu próprio grande jornal, intitulado *The New-England Courant*. Benjamin procurou James com várias ideias interessantes sobre histórias que ele próprio poderia escrever, mas, para sua grande decepção, o irmão não estava interessado em suas contribuições para o novo jornal.

Benjamin sabia que seria inútil discutir com James, um jovem muito obstinado. Mas, ao refletir sobre a situação, teve uma ideia: e se ele criasse um personagem fictício que escreveria cartas para *The Courant*? Se as redigisse bem, James nunca suspeitaria que elas eram dele, e as publicaria. Depois de pensar muito, imaginou o personagem perfeito: uma jovem viúva chamada Silence Dogood, que tinha opiniões fortes sobre a vida em Boston, muitas das quais um tanto absurdas.

Ele então enviou a primeira carta ao *The Courant* e se divertiu ao observar o irmão publicar a carta da leitora, com uma nota do redator pedindo-lhe que escrevesse mais. James continuou a publicar as cartas subsequentes, que logo se tornaram a parte mais popular do *The Courant*.

Benjamin passou a ter mais atribuições na gráfica e também se revelou um excelente editor para o jornal. Sentindo-se orgulhoso de todas as suas realizações precoces, um dia não se conteve e confessou a James que era o autor das cartas de Silence Dogood. Esperando algum tipo de elogio, ficou surpreso com a má reação de James – o irmão não gostava que mentissem para ele. Para piorar a situação, nos meses seguintes passou a tratar Benjamin de maneira cada vez mais fria e abusiva. Logo, Benjamin percebeu que já não tinha condições de trabalhar com James, e, no outono de 1723, resolveu deixar Boston, dando as costas para o irmão e a família.

Depois de vagar por várias semanas, chegou à Filadélfia, decidido a se estabelecer por lá. Com apenas 17 anos, praticamente não tinha dinheiro e não conhecia ninguém, mas, por alguma razão, sentia-se cheio de esperança. Nos cinco anos em que trabalhou para o irmão, aprendera sobre o negócio mais do que homens com o dobro da sua idade. Em duas semanas conseguiu emprego em uma dessas gráficas, cujo proprietário era um homem chamado Samuel Keimer. Na época, a Filadélfia ainda era relativamente pequena e provinciana, e logo se difundiram notícias sobre o forasteiro e suas habilidades literárias.

O governador da colônia da Pensilvânia, William Keith, tinha ambições de transformar a Filadélfia em um centro cultural, e não estava satisfeito com as duas gráficas tradicionais. Ao ouvir falar em Benjamin Franklin e em seu talento como escritor, mandou chamá-lo. Impressionado com a inteligência do jovem, estimulou-o a ter sua própria gráfica, prometendo emprestar-lhe o capital inicial necessário para dar a partida no negócio. As máquinas e os materiais teriam que vir de Londres, e Keith o aconselhou a ir à Inglaterra pessoalmente para supervisionar a aquisição. O governador tinha contatos por lá e arcaria com todas as despesas.

Franklin mal acreditava na sua sorte. Ao planejar a viagem a Londres, o dinheiro que Keith prometera não chegava; mas, depois de escrever-lhe algumas vezes, finalmente recebeu notícias do gabinete do governador, dizendo que não se preocupasse – cartas de crédito estariam à sua espera quando desembarcasse na Inglaterra. E, assim, sem explicar a Keimer o que pretendia fazer, deixou o emprego e comprou a passagem para a viagem transatlântica.

Quando chegou à Inglaterra, não encontrou nenhum documento à sua espera. Receando que tivesse ocorrido algum problema de comunicação, procurou em Londres um representante do governador, a quem pudesse explicar o acordo. Durante a busca, veio a conhecer um comerciante rico da Filadélfia, que, ao ouvir sua história, revelou-lhe a verdade – o governador Keith era um notório falastrão. Sempre prometia tudo a todos na tentativa de impressionar as pessoas com seu poder. O entusiasmo dele raramente durava mais que uma semana. Não tinha dinheiro para emprestar, e seu caráter valia tanto quanto suas promessas.

Depois de escutar tudo isso e de refletir sobre sua situação, o que mais o transtornava não era o fato de agora se encontrar longe de casa, sozinho e sem dinheiro. Não havia lugar mais estimulante para um jovem do que Londres, e, de alguma forma, ele se arranjaria por lá. O que mais o chateava era a maneira como interpretara mal as intenções de Keith e como fora ingênuo.

Felizmente, Londres estava apinhada de gráficas enormes, e, poucas semanas depois, ele conseguiu emprego em uma delas. Deu-se bem com os colegas, mas logo deparou com um estranho costume inglês: cinco vezes por dia, seus colegas tipógrafos faziam uma pausa para beber um pouco de cerveja. Aquilo os fortalecia para o trabalho, ou ao menos assim diziam. Todas as semanas Franklin deveria contribuir para o fundo da cerveja, que era compartilhado por todos na sala, mas ele se recusava a pagar – não gostava de beber durante a jornada de trabalho e a ideia de que deveria abrir mão de parte do dinheiro conquistado a duras penas para que os outros arruinassem a saúde deixava--o com raiva. Expôs honestamente seus princípios, e os colegas aceitaram a decisão.

Nas semanas seguintes, porém, coisas estranhas começaram a acontecer: erros passaram a pipocar nos textos que ele já havia corrigido e quase todo dia descobria novas falhas pelas quais era responsabilizado. Sem dúvida alguém estava sabotando seu trabalho. Quando se queixou com os colegas tipógrafos, atribuíram tudo aquilo a um fantasma maldoso que assombrava a gráfica. Por fim, dando-se conta do que estava ocorrendo, renunciou aos princípios e passou a contribuir para o fundo da cerveja. Os erros de repente desapareceram, assim como o "fantasma".

Depois desse incidente e de várias outras mancadas em Londres, Franklin começou a pensar com seriedade sobre sua situação. Ele parecia irremediavelmente ingênuo, sempre interpretando mal as intenções das pessoas ao redor. Ao refletir sobre seu problema, deparou com um paradoxo: quando se tratava de trabalho, ele era racional e realista, sempre procurando melhorar. Porém, em relação às pessoas, acontecia quase o oposto: sempre se deixava levar pelas emoções e perdia a noção da realidade. Com o irmão, quis impressioná-lo, revelando a autoria das cartas, desprevenido quanto à inveja e à malevolência que desencadearia; com Keith, estava tão envolvido pelos próprios sonhos que não prestou atenção nos sinais óbvios de que o governador era só um falastrão; com os tipógrafos, sua ira o cegara para o fato de que eles se ressentiriam de suas tentativas de reforma.

Determinado a romper esse padrão e a mudar seu estilo, concluiu que havia apenas uma solução: em todas as suas futuras interações com pessoas, ele se forçaria a dar um passo para trás e controlar suas emoções. Distanciando-se ele conseguiria se concentrar totalmente na pessoa com quem estava lidando, eliminando da equação os próprios anseios e inseguranças. Posicionando-se dentro da cabeça das pessoas, vislumbraria como vencer a resistência delas e frustrar seus planos maldosos.

Depois de mais de um ano e meio de trabalho em Londres, Franklin finalmente economizou dinheiro suficiente para a viagem de retorno, e, em 1727, estava de volta à Filadélfia, mais uma vez à procura de trabalho. Em meio a essa busca, seu ex-empregador, Samuel Keimer, surpreendeu-o ao lhe oferecer uma boa posição na gráfica – ele seria responsável pelo pessoal e pelo treinamento dos novos trabalhadores que Keimer havia admitido recentemente, em consequência da expansão do negócio. Para tanto, receberia um ótimo salário anual. Franklin aceitou, mas, quase desde o começo, sentia que algo não estava certo. Por isso, conforme prometera a si mesmo, deu um passo para trás e refletiu com calma sobre os fatos.

Sua função era treinar cinco homens, mas, depois de concluir a tarefa, restaria pouco trabalho para ele. O próprio Keimer vinha agindo de maneira estranha, com muito mais cordialidade que o habitual. Como, em geral, era inseguro e irritadiço, aquele jeito amistoso não combinava com ele. Imaginando a situação sob a perspectiva de Keimer, não era difícil perceber que ele devia ter ficado muito ressentido com sua partida súbita para Londres, deixando-o em dificuldade. Provavelmente o via como um rapaz presunçoso, que precisava de uma lição. Franklin não era do tipo que conversaria sobre seus receios com alguém, mas os remoeria por dentro e elaboraria seus próprios planos. Pensando dessa maneira, as intenções de Keimer ficaram claras: o patrão queria que Franklin transmitisse seus amplos conhecimentos sobre o negócio aos novos empregados, para, depois, despedi-lo. Essa seria sua vingança.

Convencido de que sua interpretação estava certa, Franklin decidiu virar a mesa. Explorou sua nova posição gerencial para se relacionar com os clientes e para fazer contatos com comerciantes de sucesso na área. Experimentou novos métodos de impressão que havia aprendido na Inglaterra. Quando Keimer se ausentava da gráfica, desenvolvia novas habilidades tipográficas, como gravura e fabricação de tintas. Também prestava grande atenção nos aprendizes e, em segredo, preparava um deles como um possível assistente. Quando começou a suspeitar que chegara a hora de Keimer mandá-lo embora, pediu demissão e abriu a própria gráfica – com apoio financeiro, maior conhecimento do negócio, uma sólida base de clientes que o seguiria para onde fosse e um assistente de primeira categoria, que ele havia treinado. Ao executar essa estratégia, Franklin se deu conta de como não nutria sentimentos de amargura ou raiva em relação a Keimer. Tudo se resumia a manobras em um tabuleiro de xadrez, e, ao pensar como Keimer, foi capaz de participar do jogo como um adversário à altura do oponente, com a cabeça arejada e equilibrada.

Nos anos seguintes, a gráfica de Franklin prosperou. Ele se tornou um membro cada vez mais proeminente em sua comunidade na Filadélfia, participando até mesmo da política. Era considerado o maior exemplo de comerciante e cidadão confiável. Como seus concidadãos, vestia-se com simplicidade, trabalhava com mais afinco que qualquer outro, nunca frequentava bares ou casas de jogo e cultivava maneiras e hábitos cordiais, até humildes. Sua popularidade era quase universal. Mas, no último capítulo de sua vida pública, suas atitudes pareciam indicar que ele havia mudado e perdido a sensibilidade.

Em 1776, um ano depois da eclosão da Guerra da Independência, Franklin – agora político emérito nos Estados Unidos – foi despachado para a França como comissário especial com a incumbência de obter armas, financiamento e apoio. Em pouco tempo, espalharam-se rumores por todas as colônias americanas de seus casos com cortesãs francesas e de sua assiduidade em festas e jantares extravagantes. Políticos eminentes, como John Adams, o acusaram de ter sido corrompido pelos parisienses. Sua popularidade entre os americanos despencou. No entanto, o que os críticos e o público não perceberam foi que, aonde quer que fosse, ele assumia ostensivamente as feições, a moral e os comportamentos da cultura local, para que pudesse realizar melhor seus objetivos. Desesperado para conquistar os franceses para a causa americana e compreendendo muito bem a natureza deles, ele se transformara no que queriam ver em sua pessoa – uma versão americana do espírito e do estilo francês. Estava apelando para o narcisismo notório deles.

Tudo isso funcionou à perfeição – Franklin tornou-se uma figura amada dos franceses e homem de influência no governo. Por fim, forjou uma importante aliança militar e conseguiu um financiamento que ninguém mais conseguiria arrancar do sovina rei francês. Este último ato de sua vida pública não foi uma aberração, mas a expressão máxima de sua racionalidade social.

Caminhos para a maestria

Nós, seres humanos, somos o mais superior animal social. Em tese, todos nós hoje possuímos as ferramentas naturais – empatia e racionalidade – para compreender em profundidade outros seres humanos. Na prática, porém, essas ferramentas continuam em grande parte subaproveitadas, e a explicação para essa deficiência pode ser encontrada na natureza peculiar da infância e na dependência prolongada da prole.

Durante essa fase de debilidade e dependência, temos a necessidade de idealizar os pais. Nossa sobrevivência depende da força e da confiabilidade deles. Reconhecer as fragilidades dos pais nos traria uma ansiedade insuportável. Portanto, vemos esses indivíduos tão importantes para nós como sendo mais fortes, mais capazes e mais altruístas do que são na realidade.

Até que, inevitavelmente, quase sempre na adolescência, começamos a vislumbrar o lado menos nobre das pessoas, inclusive dos próprios pais, e não podemos deixar de nos sentir transtornados pela disparidade entre a imaginação e a realidade. Decepcionados, tendemos a exagerar seus defeitos, da mesma maneira como no passado exagerávamos suas qualidades.

Denominemos esse fenômeno de *perspectiva ingênua*. Embora seja natural assumir essa posição em razão da singularidade de nossa infância, ela também é perigosa, pois nos envolve em ilusões infantis sobre as pessoas, distorcendo a maneira como as vemos. Trazemos essa perspectiva conosco para a idade adulta durante a fase de aprendizagem. No ambiente de trabalho, os padrões de repente aumentam. As pessoas revelam atributos de caráter que normalmente tentam esconder. Manipulam, competem e, antes de tudo, pensam em si mesmas. Cegos para esses comportamentos e com as emoções ainda mais ativas que antes, acabamos nos trancando na perspectiva ingênua.

Essa perspectiva intensifica nossa sensibilidade e vulnerabilidade. Ao refletirmos sobre como as palavras e as ações alheias nos envolvem, continuamos a interpretar equivocadamente suas intenções. Projetamos nossos próprios sentimentos nas outras pessoas. Não temos um senso real de suas ideias e de suas motivações. Por causa dos erros inevitáveis que cometemos, nós nos envolvemos em batalhas e dramas que nos consomem e nos distraem no processo de aprendizado. Nosso senso de prioridade fica distorcido – e acabamos atribuindo uma importância excessiva às questões sociais e políticas por não estarmos lidando da maneira adequada com elas.

Inteligência social nada mais é que o processo de descartar a perspectiva ingênua e adotar atitudes mais realistas. Envolve convergir a atenção mais para fora que para dentro, cultivando a capacidade natural de observação e de empatia. Significa superar nossa tendência de idealizar ou de demonizar as pessoas, passando a vê-las e a aceitá-las como realmente são.

Seguindo o exemplo de Benjamin Franklin, você pode alcançar esse nível de conscientização revendo o seu passado, prestando especial atenção nas batalhas, nos erros, nas tensões e nas decepções na vida social. Se encarar esses eventos sob uma perspectiva ingênua, verá apenas o que as *outras pessoas* lhe fizeram – os maus-tratos que suportou delas, as grosserias e injúrias de que foi vítima. Em vez disso, você precisa dar a virada e partir de si mesmo – como *você* viu em outras pessoas qualidades inexistentes, ou como *você* ignorou sinais do lado negativo da natureza delas.

Essa nova clareza sobre sua perspectiva deve ser acompanhada de um ajuste em seu comportamento. O mundo está cheio de pessoas com diferentes personalidades e temperamentos. Não há como mudar os outros, mas é preciso não se tornar vítima deles. Você é um observador da comédia humana e, ao ser o mais tolerante possível, desenvolve uma capacidade muito maior de compreender as pessoas e de influenciar o comportamento delas quando necessário.

Com essa nova conscientização e essa nova atitude, você pode começar a desenvolver a aprendizagem em inteligência social. Essa forma de inteligência tem dois componentes, ambos igualmente importantes de dominar. Primeiro, há o que denominamos *conhecimento específico da natureza humana* – ou a capacidade de interpretar as pessoas, de sentir como elas veem o mundo e de compreender sua individualidade. Segundo, há o *conhecimento genérico da natureza humana*, que significa acumular a compreensão dos padrões gerais do comportamento humano que nos transcende como indivíduos, inclusive alguns dos atributos mais negativos que costumamos desconsiderar. Só o domínio de ambas as formas de conhecimento pode lhe oferecer um panorama completo das pessoas ao redor.

Conhecimento específico – Interpretando as pessoas

Quase todos nós, em algum momento da vida, já tivemos a sensação de experimentar uma estranha ligação com outra pessoa; chegamos a nos sentir capazes de adivinhar os pensamentos dela. Em tais situações, alcançamos um nível de compreensão difícil de expressar em palavras. Esse grau de comunicação costuma ocorrer com grandes amigos e parceiros, pessoas em quem confiamos e com as quais nos sentimos sintonizados em muitos níveis. Nesses momentos de conexão, o monólogo interno é interrompido e captamos mais pistas e sinais do outro que de hábito.

Isso significa que, quando não estamos imersos na introspecção, mas, sim, focados em outra pessoa, conquistamos o acesso a formas de comunicação em grande parte não verbais, mas muito eficazes à sua maneira.

A intensa conexão não verbal que experimentamos com aqueles indivíduos com quem temos mais afinidade é certamente inadequada no ambiente de trabalho, mas, na medida em que nos abrimos para outras pessoas, podemos nos tornar muito mais eficazes na interpretação dos outros.

Para iniciar esse processo, é preciso treinar-se para prestar menos atenção nas palavras alheias e dar mais importância ao tom de voz, ao olhar, à linguagem corporal – sinais que podem revelar certo estado de espírito que não se expressa verbalmente. Quando as emoções dos interlocutores são despertadas, eles revelam muito mais.

Nesse nível não verbal, é interessante observar como as pessoas se comportam em relação aos detentores de poder e autoridade. Elas tenderão a revelar uma ansiedade, um ressentimento ou uma falsidade que trai algo essencial sobre sua compleição psicológica, alguma coisa que remonta à infância delas e que se manifesta em sua linguagem corporal.

Como exercício, depois de se familiarizar com as pessoas durante algum tempo, tente se imaginar percebendo o mundo sob o ponto de vista delas, colocando-se no lugar desses interlocutores. Procure experiências emocionais comuns suas – traumas ou dificuldades do passado, por exemplo, que, de alguma forma, se assemelhem às experiências ou situações alheias. Liberar parte dessas emoções pode ajudá-lo a iniciar o processo de identificação.

Essa forma intuitiva de interpretar as pessoas torna-se mais eficaz e mais exata conforme você a explora, mas é melhor combiná-la com outra forma mais consciente de observação. Por exemplo, é preciso prestar especial atenção nas ações e nas decisões alheias. Seu objetivo é descobrir os motivos ocultos por trás delas, que, geralmente, girarão em torno do poder. As pessoas dirão todo tipo de coisa sobre seus motivos e intenções; estão acostumadas a enfeitar a realidade com palavras. Suas ações, porém, dizem muito mais sobre seu caráter, sobre o que está ocorrendo abaixo da superfície.

É necessário atentar para qualquer tipo de comportamento extremo – por exemplo, se uma pessoa se mostra espalhafatosa demais, se é simpática demais ou se faz piadas com tudo. Você perceberá que, em geral, as pessoas adotam esse estilo como uma espécie de máscara para ocultar o oposto, a fim de distrair os observadores em relação à verdade. São espalhafatosas porque, por dentro, são muito inseguras; são simpáticas demais porque, no íntimo, são ambiciosas e agressivas; ou fazem piadas para esconder a própria mesquinharia e perversidade.

Você deve identificar e decodificar todos os sinais possíveis –

inclusive as roupas que usam e a organização ou desorganização de seu local de trabalho. A escolha do cônjuge ou parceiro também pode ser muito eloquente, sobretudo se parecer um tanto incompatível com o caráter que tentam projetar. Nessa escolha, podem revelar necessidades frustradas da infância, o desejo de poder e controle, a baixa autoestima e outros atributos que procuram disfarçar. O que pode parecer irrelevante – atrasos crônicos, atenção insuficiente aos detalhes, não retribuição de favores – são indícios de algo mais profundo em seu caráter. São padrões em que se deve prestar atenção, e nada é pequeno demais para ser desprezado.

Conhecimento genérico – As Sete Realidades Fatais

Quando analisamos o comportamento humano ao longo da história, podemos identificar padrões que transcendem as culturas e os séculos, indicando certos atributos universais típicos da própria espécie. Alguns desses traços são muito positivos – por exemplo, nossa capacidade de cooperar mutuamente no grupo –, ao passo que outros são negativos e podem se revelar destrutivos. A maioria de nós tem estas qualidades negativas – *inveja, conformismo, rigidez, egocentrismo, preguiça, inconstância, agressão passiva* – em doses relativamente brandas. No entanto, no contexto social, algumas pessoas apresentarão um ou mais desses defeitos em grau tão elevado que se tornarão nocivas. Denominaremos essas sete qualidades negativas de *Sete Realidades Fatais*.

Por meio de estudo e de observação, somos capazes de compreender a natureza dessas Sete Realidades Fatais, de modo a detectar sua presença e evitar deflagrá-las. Considere os comentários a seguir como conhecimento essencial para o desenvolvimento da inteligência social.

Inveja: É da nossa natureza nos comparar o tempo todo com os outros – em termos de dinheiro, aparência, simpatia, inteligência, popularidade e outras qualidades. Se percebemos que alguém de nosso círculo pessoal é mais bem-sucedido que nós, experimentamos, naturalmente, um pouco de inveja. Mas, para algumas pessoas, o sentimento é muito mais profundo, quase sempre em consequência de seu nível de insegurança. Quando se fica morrendo de inveja, a única maneira de liberá-la é encontrar formas de obstruir ou sabotar aquele que despertou essa emoção. E, ao fazê-lo, *nunca* se diz que foi por inveja, procurando-se outra explicação mais aceitável no contexto social. Por isso é tão difícil percebê-la nos outros. Alguns indícios, porém, são reveladores. As pessoas que o elogiam demais ou se tornam muito amistosas logo no começo do relacionamento geralmente estão com inveja de você e se aproximam para prejudicá-lo. Além disso, saiba que os indivíduos em que se detectam níveis de insegurança incomuns são certamente os mais propensos à inveja.

Em geral, porém, é muito difícil discernir esse sentimento, e o curso de ação mais prudente é se esforçar para que seus próprios comportamentos, inadvertidamente, não despertem inveja. Se você tiver algum dom, é bom fazer questão de, vez por outra, exibir deficiências em outras áreas, evitando o grande perigo de parecer perfeito demais, talentoso demais. Se estiver lidando com pessoas inseguras, talvez seja o caso de demonstrar grande interesse pelo trabalho delas e até lhes pedir conselhos.

Conformismo: Quando se constituem grupos de qualquer espécie, estabelece-se necessariamente certo tipo de mentalidade organizacional. Ainda que os membros do grupo alardeiem o reconhecimento e a tolerância das diferenças, a realidade é que os participantes muito diferentes deixam os outros desconfortáveis e inseguros, questionando os valores da cultura dominante.

Se você tiver características rebeldes ou naturalmente excêntricas, como costuma ser o caso de quem almeja a maestria, evite exibir de maneira muito aberta suas diferenças, em especial na fase de aprendizagem. Deixe que seu trabalho demonstre de maneira sutil sua individualidade; mas quando se tratar de questões de política, moral e valores, mostre a observância dos padrões predominantes no contexto. Mais tarde, ao desenvolver a maestria, não lhe faltarão oportunidades para ostentar o brilho de sua individualidade e para demonstrar seu desprezo pela mesmice.

Rigidez: Sob muitos aspectos, o mundo está ficando cada vez mais complexo, e sempre que nos defrontamos com situações que parecem demasiado complicadas, nossa reação é recorrer a algum tipo de simplicidade artificial, criar hábitos e rotinas que nos proporcionem a sensação de controle. Preferimos o que é familiar. Essas condições se estendem ao grupo em geral. As pessoas seguem procedimentos sem realmente saber por quê, apenas pelo fato de esses procedimentos terem funcionado no passado, e ficam na defensiva quando sua forma de agir é questionada.

É inútil lutar contra a inflexibilidade e contestar conceitos irracionais. A melhor estratégia é simplesmente aceitar a rigidez nos outros, demonstrando, para todos os efeitos, respeito pela necessidade de ordem deles. Entretanto, é preciso se empenhar para preservar a própria abertura e flexibilidade, abandonando os velhos hábitos e cultivando novas ideias.

Egocentrismo: No ambiente de trabalho, quase sempre pensamos primeiro e acima de tudo em nós mesmos. O mundo é implacável e competitivo, e precisamos cuidar de nossos próprios interesses. Mesmo quando lutamos por um bem maior, com frequência somos motivados de modo inconsciente pelo desejo de sermos estimados pelos outros e de, ao mesmo tempo, melhorarmos nossa imagem.

Você precisa compreender e aceitar essa Realidade Fatal. Na hora de pedir ajuda, é necessário apelar primeiro, de algum modo, para o interesse das pessoas. Você deve ver o mundo com os olhos dos outros, perceber as necessidades deles. O fundamental é oferecer-lhes algo valioso em troca da ajuda. De modo geral, em suas interações com as pessoas, descubra uma maneira de fazer as conversas girarem em torno delas e de seus interesses, até o ponto de conquistá-las para o seu lado.

Preguiça: Todos temos a tendência de seguir o caminho mais rápido e mais fácil para a realização de nossos objetivos; mas, em geral, conseguimos controlar nossa impaciência; compreendemos o valor superior de alcançar o que queremos por meio do trabalho duro. Para algumas pessoas, porém, esse traço de preguiça é poderoso demais. Desmotivadas pela ideia de que talvez levem meses ou anos para conseguir algo, elas estão sempre à procura de atalhos. Se você não for cuidadoso e acabar falando demais, elas roubarão suas melhores ideias e se apropriarão delas, poupando-se de todo o esforço mental necessário para concebê-las. Vão se meter no meio de seu projeto e dar um jeito de incluir o próprio nome nele, ficando com parte do crédito pelo trabalho. Também o envolverão em atividades "colaborativas", em que você fará o grosso do trabalho pesado, mas compartilhará com elas as recompensas igualmente.

Sua melhor defesa é a prudência. Não divulgue suas ideias, expondo-as apenas a pessoas de absoluta confiança que precisam conhecê-las, ou oculte certos detalhes, para que não seja possível roubá-las. Se você estiver fazendo um trabalho para um superior hierárquico, prepare-se para que o chefe fique com todos os créditos e não faça referência ao seu nome, mas não permita que os colegas ajam da mesma maneira. De modo geral, tenha cuidado com os pseudocolaboradores – quase sempre estão apenas tentando encontrar alguém que faça a parte mais árdua para eles.

Inconstância: Gostamos de demonstrar como nossas decisões se baseiam em considerações racionais, mas a verdade é que, em grande parte, somos governados por nossas emoções, que, frequentemente, influenciam nossas percepções. Isso significa que as pessoas ao seu redor, sempre sob a pressão das próprias emoções, mudam de ideia a cada dia ou a cada hora, dependendo do humor.

É melhor manter não apenas certa distância, mas também alguma indiferença em relação às emoções mutáveis das pessoas, para não se envolver no processo. Não leve tão a sério as promessas de ajuda nem as manifestações de solidariedade. Conte apenas consigo mesmo para fazer as coisas acontecerem e você não se decepcionará.

Agressão passiva: A causa básica de toda agressão passiva é o medo do confronto direto. Por causa desse medo, algumas pessoas buscam meios indiretos de conseguir o que querem, tornando seus ataques bastante sutis para que seja difícil descobrir o que está acontecendo, ao mesmo tempo que passam a controlar a dinâmica. Todos somos, até certo ponto, passivo-agressivos. Saiba, porém, que existem pessoas por aí, transbordando de insegurança, que são verdadeiros guerrilheiros passivo-agressivos, capazes de arruinar sua vida.

A tática mais eficaz é reconhecer esses tipos antes de se envolver na batalha e evitá-los a todo custo. As pistas mais óbvias são seus próprios antecedentes – eles têm certa reputação e você já ouviu histórias de problemas no passado. Se eles o evitarem e postergarem ações importantes para você, se o fizerem se sentir culpado e o deixarem inseguro sobre os motivos, ou se o prejudicarem, dando a impressão de que foi por acaso, você com toda a probabilidade está sob um ataque passivo-agressivo. Faça de tudo para evitar se envolver emocionalmente nos dramas e batalhas. Os passivo-agressivos são mestres em controlar a dinâmica, e você quase sempre sairá perdendo.

Estratégias para a aquisição de inteligência social

Precisamos, contudo, reconhecer que o homem, com todas as suas qualidades nobres, com a simpatia que nutre pelos mais desprivilegiados, com a benevolência que estende não só a outros seres humanos mas também às mais humildes criaturas vivas, com seu intelecto quase divino que desvendou os movimentos e a constituição do sistema solar – com todos esses poderes enaltecidos –, o homem ainda carrega em sua carcaça as marcas indeléveis de suas origens modestas.

– CHARLES DARWIN

Ao lidar com as pessoas, você vai deparar com problemas que tenderão a extrair de você reações emocionais e a trancá-lo na perspectiva ingênua. Esses problemas incluem batalhas políticas inesperadas, julgamentos superficiais sobre seu caráter ou críticas mesquinhas ao seu trabalho. As quatro estratégias essenciais a seguir, desenvolvidas pelos Mestres do passado e do presente, o ajudarão a enfrentar esses desafios inevitáveis e a manter a mentalidade racional necessária à inteligência social.

1. Fale por meio de seu trabalho

O seu trabalho é o meio mais poderoso à sua disposição para expressar sua inteligência social. Ao ser eficiente e detalhista no que faz, você *demonstra* que pensa no grupo e promove a causa dele. Ao tornar o que faz ou o que propõe claro e fácil de seguir, você *mostra* que se preocupa com a audiência ou com o público mais amplo. Ao envolver outras pessoas em seus projetos e aceitar com elegância o feedback que elas lhe dão, você *revela* que está à vontade com a dinâmica de grupo. A boa qualidade do trabalho também o protege das conspirações e das hostilidades – é difícil ter o que questionar diante de resultados positivos. Se estiver sofrendo pressões de manobras políticas dentro do grupo, não perca a cabeça e não se desgaste com a mediocridade. Mantendo-se concentrado no trabalho e cultivando os relacionamentos sociais, você continuará a aumentar seu nível de habilidades e se destacará entre todos os outros que fazem muito barulho mas não produzem nada.

2. Elabore a persona apropriada

As pessoas tendem a julgá-lo com base em sua aparência visível. Se você não for cuidadoso e apenas presumir que é melhor ser você mesmo, começarão a lhe atribuir todos os tipos de qualidade que em nada refletem o que você é, mas que correspondem ao que querem ou esperam ver. Tudo isso pode confundi-lo, deixá-lo inseguro e roubar sua atenção. Ao internalizar esses julgamentos, você terá dificuldade para se concentrar no seu trabalho. Sua única proteção será reverter essa dinâmica e moldar de modo consciente sua aparência, criando uma imagem que lhe seja adequada e controlando as avaliações das pessoas a seu respeito. Vez por outra, talvez seja adequado dar um passo atrás e criar algum mistério ao seu redor, reforçando sua presença. Outras vezes, talvez seja preferível ser mais direto e impor uma aparência mais específica. O ideal é nunca se fixar numa única imagem nem se tornar totalmente previsível. Assim, sempre estará um passo à frente do público.

Você deve encarar a criação da persona como um elemento fundamental da inteligência social, não como algo perverso ou demoníaco. Todos usamos máscaras na arena social, desempenhando diferentes papéis para nos ajustar aos diversos ambientes que frequentamos. Nesse caso, você está apenas consciente do processo. Encare-o como um teatro. Ao criar uma persona misteriosa, instigante e magistral, você estará atuando para o público, oferecendo-lhe algo interessante e prazeroso. Permitirá que projetem suas fantasias no seu personagem. É preciso ter prazer na criação dessas personas – isso vai ajudá-lo a atuar melhor na arena pública.

3. Veja a si mesmo como os outros o veem

Quase todos nós temos deficiências sociais de algum tipo, variando desde as relativamente inofensivas até as que podem causar problemas. Há pessoas que falam demais, que são muito honestas nas críticas ou que ficam ofendidas quando suas ideias não são bem recebidas. Se repetimos esses comportamentos com frequência, tendemos a ofender as pessoas sem nem mesmo saber por quê. Há duas razões para isso: primeiro, somos rápidos em identificar os erros e defeitos alheios, mas em geral somos emotivos e inseguros ao reconhecer com objetividade os nossos. Segundo, os outros raramente nos dizem a verdade sobre nossos erros, receosos de provocarem conflitos ou de serem malvistos. Dessa forma, é muito difícil perceber nossas falhas, quanto mais corrigi-las.

A capacidade de nos enxergarmos com olhos alheios seria de enorme benefício para nossa inteligência social. Poderíamos começar a corrigir as falhas, a ver os papéis que desempenhamos na criação de qualquer tipo de dinâmica negativa e a avaliar com mais realismo quem somos. Podemos iniciar o processo analisando os eventos negativos de nosso passado – pessoas que sabotaram nosso trabalho, chefes que nos demitiram sem um motivo razoável, batalhas pessoais contra colegas. Ao dissecar essas ocorrências, devemos nos concentrar no que *fizemos* para deflagrar ou agravar a dinâmica. Ao rever vários desses incidentes, talvez comecemos a perceber um padrão que indica alguma falha em nosso caráter. Encarar esses eventos sob a perspectiva das pessoas envolvidas amenizará a censura de nossas emoções sobre nossa autoimagem e nos ajudará a compreender nossa contribuição para os incidentes e nossos próprios erros. Também podemos pedir a opinião de pessoas em quem confiamos sobre nosso comportamento, garantindo-lhes que queremos críticas sinceras. Desse modo, desenvolveremos cada vez mais o autodistanciamento, que nos proporcionará o outro lado da inteligência social – a capacidade de nos vermos como realmente somos.

4. Tolere os tolos

Ao longo da vida, você sempre encontrará tolos. São tantos que não há como não cruzar com eles. Podemos classificar as pessoas como tolas com base no seguinte critério: na vida prática, o que deve importar é alcançar resultados duradouros e conseguir que o trabalho seja feito da forma mais eficiente e criativa possível. Esse deve ser o valor supremo que orienta as ações das pessoas. Os tolos, por sua vez, adotam uma escala diferente de valores. Atribuem mais importância às questões de curto prazo – ganhar dinheiro hoje, conquistar a atenção do público ou da imprensa agora, passar uma boa imagem neste momento. Eles se orientam pelo ego e pela insegurança. Tendem a gostar dos dramas e das intrigas da política. Ao criticarem, sempre enfatizam pontos que são irrelevantes para o panorama ou argumento geral. Estão mais interessados na carreira e na posição do que na verdade. É fácil identificá-los pelo pouco que conseguem ou pelas dificuldades que criam para os resultados alheios. Não têm bom senso. Dedicam-se ao que não é realmente importante e ignoram problemas que serão desastrosos no longo prazo.

A reação natural aos tolos é se rebaixar ao nível deles. Eles o aborrecem, o deixam irritado e o arrastam para a briga. No processo, você acaba se sentindo pequeno e confuso. Perde o senso do que é realmente relevante. É difícil vencer as discussões com os tolos, convencê-los a ver o seu lado da questão ou mudar o comportamento deles, porque racionalidade e resultados não importam para eles – é mero desperdício de tempo e de energia.

Ao lidar com os tolos, é preciso adotar a seguinte filosofia: eles são parte da vida. Todos nós temos nosso lado tolo, momentos em que perdemos a cabeça e pensamos mais no próprio ego ou nos objetivos de curto prazo. É da natureza humana. Ao reconhecer seu lado tolo, fica mais fácil aceitar o dos outros. Essa atitude lhe permitirá rir dos absurdos deles, tolerar sua presença como se fossem crianças mimadas e evitar a loucura de tentar mudá-los. É tudo parte da comédia humana, e é inútil se aborrecer ou perder o sono por causa deles. Essa atitude de tolerar os tolos deve ser forjada em sua fase de aprendizagem, na qual você com certeza encontrará esse tipo. Se eles estiverem lhe causando problemas, é preciso neutralizar o mal que fazem mantendo a mira em seus próprios objetivos e no que é importante, e ignorando-os tanto quanto possível. O auge da sabedoria, porém, é ir ainda mais longe e explorar a tolice deles – usando-os como material para o seu trabalho, como exemplos de atitudes a evitar, ou buscando maneiras de se aproveitar das ações deles. Dessa forma, as tolices dos tolos ficam em suas mãos, ajudando-o a alcançar os resultados práticos que eles parecem desdenhar.

V

Desperte a mente dimensional: A fase criativa-ativa

À medida que você acumula habilidades e internaliza as regras que governam seu campo de atuação, sua mente quer se tornar mais ativa, procurando usar esse conhecimento de modo mais adequado às suas inclinações. O que impede o florescimento dessa dinâmica criativa natural é a falta não de talento, mas de atitude. Se você se sentir ansioso e inseguro, tenderá a ser conservador na aplicação de seus conhecimentos, preferindo se encaixar no grupo e se apegando aos procedimentos que aprendeu. Em vez disso, você deve se empenhar em seguir na direção oposta. Não se satisfaça com o que já sabe; em vez disso, expanda seus conhecimentos para áreas correlatas, abastecendo sua mente com combustível para fazer novas associações entre diferentes ideias. Você deve experimentar e observar os problemas de todos os ângulos possíveis. À medida que seu pensamento fica mais fluido, sua mente se torna cada vez mais dimensional, buscando, com intensidade crescente, diferentes aspectos da realidade.

A segunda transformação

Wolfgang Amadeus Mozart (1756-1791) sempre viveu cercado de música. O pai, Leopold, era violinista e compositor da corte de Salzburgo, na Áustria, além de professor de música. Durante todo o dia, Wolfgang ouvia Leopold e os alunos praticarem na casa onde morava. Em 1759, a irmã de 7 anos, Maria Anna, começou a estudar piano com o pai. Ela demonstrava grande potencial e praticava o tempo todo. Wolfgang, encantado com as melodias simples que ela tocava, passou a cantarolá-las. Às vezes, sentava-se diante do cravo da família e tentava reproduzir aquelas músicas. Leopold logo detectou algo inusitado no filho. Com apenas 3 anos, o garoto tinha uma notável memória para melodia e um impecável senso de ritmo, tudo sem ter recebido qualquer instrução.

Embora nunca houvesse tentado ensinar música a alguém tão jovem, Leopold resolveu iniciar o treinamento do filho quando o garoto fez 4 anos. Bastaram poucas sessões para o pai perceber que o filho possuía outras qualidades interessantes. Wolfgang ouvia com mais atenção que os outros alunos, sua mente e seu corpo absortos na música. Com tanta capacidade de concentração, aprendia com mais rapidez que qualquer outra criança. Certa vez, quando tinha 5 anos, pegou uma partitura um tanto complexa que se destinava a Maria Anna, e, em trinta minutos, já a tocava com facilidade. Ouvira antes a irmã praticar a peça e, no momento em que viu as notas no papel, lembrou-se dela com nitidez e rapidamente a executou.

Esse foco extraordinário tinha suas raízes em algo que Leopold já detectara desde o começo – o garoto amava intensamente a música em si. Seus olhos se iluminavam de empolgação no momento em que Leopold abria uma partitura desafiadora para que ele a dominasse. Se a peça era nova e difícil, ele a atacava dia e noite, com tanta determinação que logo a absorvia como parte de seu repertório. À noite, os pais tinham que obrigá-lo a parar de praticar e ir para a cama. Esse amor pela prática parecia apenas aumentar com o tempo.

Um dia, em 1762, após ouvir os dois filhos tocando uma peça para dois pianos, Leopold Mozart teve uma ideia. A filha, Maria Anna, era uma pianista muito talentosa pelos próprios méritos, e Wolfgang era um verdadeiro prodígio. Juntos, formavam uma dupla talentosa. Tinham um carisma natural; e Wolfgang também se destacava pelo jeito teatral de se apresentar. Como mero músico da corte, a renda de Leopold era um tanto limitada, mas ele viu a possibilidade de ganhar uma fortuna com os filhos. Assim, resolveu levar a família para um grande tour pelas capitais da Europa, tocando para a nobreza e para o povo, e cobrando pelo entretenimento. Para melhorar o espetáculo, fantasiou as crianças – Maria Anna como princesa e Wolfgang como ministro da corte, com cabeleira, casaca e espada na cinta.

Começaram em Viena, onde as crianças encantaram o imperador e a imperatriz. Depois, passaram meses em Paris, onde tocaram na corte real e impressionaram o rei Luís XV. Em seguida, partiram para Londres, onde acabaram ficando mais de um ano, apresentando-se para grandes multidões. E, enquanto a visão das duas crianças em suas fantasias fascinava, a performance de Wolfgang ao piano simplesmente embasbacava o público. Executava as próprias composições – e era espantoso ouvir uma sonata composta por um menino de 7 anos, por mais simples que fosse. O mais maravilhoso de tudo era a desenvoltura de Wolfgang no teclado: seus dedos minúsculos deslizavam sobre as teclas com incrível agilidade.

À medida que a turnê prosseguia, Wolfgang desenvolveu o hábito de se aproximar do compositor mais ilustre das cortes que visitavam. Em Londres, por exemplo, conseguiu cativar o grande Johann Christian Bach, filho de Johann Sebastian Bach. A educação que recebeu dessa maneira, por meio do contato com todos os compositores que conhecia, foi muito além de tudo o que uma criança poderia receber.

A família Mozart agora dependia da receita gerada pelas crianças durante as excursões, mas, com o passar do tempo, os convites começaram a escassear. A novidade se desgastara e as crianças já não pareciam tão pequenas e encantadoras. Desesperado por dinheiro, Leopold concebeu um esquema diferente. O filho, aos poucos, tornava-se um compositor sério, capaz de compor em diferentes gêneros. Agora, o necessário era garantir para ele uma posição estável, como compositor da corte, e atrair ofertas para concertos e sinfonias. Com esse objetivo em mente, pai e filho embarcaram, em 1770, para uma série de tours pela Itália, então o centro musical da Europa.

A viagem correu bem. Wolfgang executou sua mágica ao piano diante das principais cortes italianas. Em todos os lugares, era aclamado por seus concertos e sinfonias, obras impressionantes para qualquer compositor, que dirá para um adolescente. Mais uma vez, juntou-se aos mais célebres compositores da época, enriquecendo o conhecimento musical que adquirira em viagens anteriores. Além disso, redescobriu sua maior paixão na música – a ópera. Quando criança, ele sempre tivera a sensação de que estava destinado a compor grandes óperas. Na Itália, assistiu às melhores produções e se deu conta da fonte de seu fascínio – era o drama convertido na mais pura música, o potencial quase ilimitado da voz humana de expressar toda a gama de emoções e o espetáculo como um todo. Sentia uma atração quase primitiva por qualquer tipo de teatro. No entanto, apesar de toda a atenção e inspiração que recebeu, depois de quase três anos visitando as várias cortes da Itália ninguém lhe ofereceu uma posição ou atribuição à altura de seus talentos. Assim, em 1773, pai e filho retornaram a Salzburgo.

Depois de algumas negociações delicadas com o arcebispo de Salzburgo, Leopold enfim conseguiu para o filho um emprego relativamente bem remunerado como músico e compositor da corte. E, sob todos os aspectos, o arranjo parecia bom: não tendo que se preocupar com dinheiro, Wolfgang teria tempo para se dedicar às composições. No entanto, quase desde o começo, Wolfgang se sentiu desconfortável e agitado. Passara quase a metade da juventude viajando pela Europa, interagindo com as mais brilhantes mentes musicais e ouvindo as mais renomadas orquestras; e agora fora relegado à mediocridade da provinciana Salzburgo, isolado dos centros musicais europeus, numa cidade sem tradição em teatro e em ópera.

Mais problemática, porém, era a frustração crescente que sentia como compositor. Em suas lembranças mais antigas, sua cabeça vibrava com música o tempo todo, mas era sempre música alheia. Sabia que suas peças eram imitações e adaptações inteligentes das obras de outros compositores. Ele sempre fora como uma planta tenra, absorvendo passivamente nutrientes do meio ambiente, na forma dos diferentes estilos que aprendera e dominara. No entanto, sentia em si algo mais ativo, o desejo de expressar sua própria música e de parar de imitar. O solo agora era bastante fértil. Como adolescente, era dominado por todos os tipos de conflito e emoção – empolgação, depressão, desejos eróticos. Seu grande anseio era expressar esses sentimentos em suas obras.

Então, quase sem se dar conta, começou a experimentar. Escreveu uma série de movimentos lentos para vários quartetos de corda, prolongados e entremeados por estranhas misturas de sentimentos que se intensificavam em grandes crescendos. Quando mostrou essas peças ao pai, Leopold ficou horrorizado. A renda deles dependia de Wolfgang oferecer à corte as melodias agradáveis. Se a corte e o arcebispo ouvissem essas novas composições, pensariam que Wolfgang ficara louco. Além disso, as peças eram complexas demais para serem interpretadas pelos músicos da corte de Salzburgo. Ele implorou ao filho que desistisse daquela música estranha.

Wolfgang cedeu, mas, com o passar do tempo, ficava cada vez mais deprimido. Pela primeira vez na vida, estava perdendo o amor pela música. Sentindo-se aprisionado, tornou-se irritadiço. Aos poucos, resignou-se com seu destino: morreria em Salzburgo, jovem, sem que o mundo jamais ouvisse a música que reverberava em seu interior.

Em 1781, Wolfgang foi convidado a acompanhar o arcebispo de Salzburgo a Viena, onde o clérigo pretendia exibir os talentos de seus vários músicos. De repente, em Viena, a natureza de seu status como músico da corte ficou clara. O arcebispo lhe dava ordens como se ele não passasse de um simples integrante de seu séquito, mero servo pessoal. O ressentimento que Wolfgang nutrira durante os últimos sete anos aflorou com toda a intensidade. Tinha 25 anos e estava perdendo um tempo valioso. O pai e o arcebispo o tolhiam deliberadamente. Amava o pai e precisava do apoio afetivo da família, mas já não podia tolerar aquelas circunstâncias. Quando chegou a hora de voltar a Salzburgo, fez o impensável – recusou-se a deixar a cidade e pediu demissão. O arcebispo o tratou com o mais ofensivo desprezo, mas depois se acalmou. O pai se aliou ao arcebispo e ordenou que o filho voltasse, prometendo que o perdoaria. Mas Wolfgang já decidira: ficaria em Viena para o que viria a ser o resto de sua vida.

O rompimento com o pai foi definitivo e extremamente doloroso, mas, sentindo que seu tempo era curto e que tinha muito a expressar, atirou-se à música com uma intensidade ainda maior que na infância. Como se toda a sua inspiração tivesse sido reprimida durante muito tempo, explodiu em acessos de criatividade sem precedentes na história da música.

A aprendizagem dos últimos vinte anos o preparara bem para aquele momento. Ele desenvolvera uma memória prodigiosa – era capaz de reter na cabeça todas as harmonias e melodias que absorvera ao longo dos anos. Em vez de notas ou acordes, conseguia pensar em termos de blocos de música, registrando-os com a mesma rapidez com que os ouvia em sua mente.

Dava às composições o poder de transmitir medo, tristeza, apreensão, raiva, alegria e êxtase. O público ficava encantado com esse som avassalador, que, de repente, envolvia tantas dimensões novas. Depois dessas inovações, tornou-se quase impossível para os compositores retornarem à música superficial das cortes, até então predominante. A música europeia mudara para sempre.

Essas inovações não emergiram de um desejo consciente de se rebelar ou provocar. Na verdade, seu espírito revolucionário despontou como algo natural, espontâneo e incontrolável. Impelido pela sensibilidade excepcional à música, Mozart simplesmente não podia deixar de personalizar todos os gêneros com que trabalhava.

Em 1786, deparou com uma versão da lenda de Don Juan que o fascinou. Ele imediatamente se identificou com a história do grande sedutor. Como Don Juan, também nutria o sentimento obsessivo de atração e de paixão pelas mulheres, e sentia o mesmo desprezo pelas figuras de autoridade. Mais importante, Mozart sentia que, como compositor, tinha a capacidade suprema de seduzir o público e que a música em si representava a manifestação máxima de sedução, com seu poder irresistível de mexer com nossas emoções. Se convertesse essa história em ópera, poderia transmitir todas essas ideias. Assim, no ano seguinte, começou a trabalhar em sua ópera *Don Giovanni* (Don Juan, em italiano). Para dar vida à história da maneira como imaginara, mais uma vez aplicaria seus poderes de transformação – desta vez ao gênero ópera.

Na época, as óperas tendiam a ser um tanto estáticas e convencionais. Consistiam de recitativos (diálogos verbais, acompanhados do cravo, que transmitiam a história e a ação), árias (partes cantadas em que os intérpretes reagiam às informações do recitativo) e peças corais, apresentando um grande grupo de pessoas cantando juntas. Para essa ópera, Mozart criou algo que fluía como um todo contínuo. Transmitia o caráter de Don Giovanni não só por meio das palavras, mas também pela música, acompanhando a presença do sedutor no palco com um constante efeito trêmulo nos violinos, para representar sua energia sensual nervosa. Conferiu à obra um ritmo acelerado, quase frenético, que ninguém antes presenciara no teatro. Para reforçar ainda mais o valor expressivo da música, inventou conjuntos ou grupos – momentos culminantes e grandiosos em que vários personagens cantavam ao mesmo tempo, às vezes sobrepondo-se uns aos outros, em contraponto elaborado, dando à ópera a sensação e a fluidez de um sonho.

Do começo ao fim, *Don Giovanni* ressoa com a presença demoníaca do grande sedutor. Embora todos os outros personagens o condenem, é impossível não admirar Don Giovanni, mesmo quando ele continua impenitente até o fim, gargalhando a caminho do inferno e se recusando a obedecer à autoridade. *Don Giovanni* era diferente de qualquer ópera que já se tinha visto antes, quer na história, quer na música, e estava, talvez, à frente demais de sua época. Muita gente se queixava de que era um tanto pesada e áspera para o ouvido; achavam o ritmo excessivamente acelerado e consideravam a ambiguidade moral muito perturbadora.

Continuando a trabalhar em ritmo criativo delirante, Mozart se exauriu e faleceu em 1791, dois meses depois da estreia de sua última ópera, *A flauta mágica*, aos 35 anos. Somente vários anos depois de sua morte o público alcançou e compreendeu o som radical que ele criara em obras como *Don Giovanni*, que logo entrou para o grupo das cinco óperas mais executadas da história.

Caminhos para a maestria

> *Várias coisas se encaixaram na minha mente, e de súbito me ocorreu a qualidade que entrava na formação de um Homem de Realizações, sobretudo na Literatura, e que Shakespeare possuía em profusão – refiro-me à Capacidade Negativa, que se manifesta quando alguém é capaz de conviver com incertezas, mistérios, dúvidas, sem qualquer estado de irritação, depois do fato e da razão...*
>
> – JOHN KEATS

Se refletirmos profundamente sobre nossa juventude, não só considerando nossas recordações mas também como de fato apreendíamos a realidade, constataremos que experimentávamos o mundo de maneira diferente naquela época. Nossa mente era completamente aberta e cultivávamos ideias originais surpreendentes de todos os tipos. Coisas que hoje vemos como banais nos despertavam admiração. Nossa cabeça transbordava de questões sobre o mundo ao redor. Sem ainda dominar a linguagem, pensávamos de maneira pré-verbal – por imagens e sensações. Quando íamos ao circo, a eventos esportivos ou ao cinema, nossos olhos e ouvidos absorviam o espetáculo com toda a intensidade. As cores pareciam mais vibrantes. Tínhamos o desejo intenso de converter tudo ao nosso redor em jogo, e de brincar com as circunstâncias.

Denominemos essa qualidade de *mente original*. A mente original era capaz de observar o mundo de forma mais direta – sem a interferência de ideias subjacentes e sem a limitação de expressá-las em palavras. Ela era flexível e receptiva a novas informações. Quando nos lembramos daquela época, não podemos deixar de sentir nostalgia pela intensidade com que percebíamos o mundo. Com o passar do tempo, esse vigor diminui. Passamos a ver o mundo como que através de uma tela de preconceitos e verbalizações; nossas primeiras experiências, sobrepostas ao presente, colorem o que vemos. Não mais percebemos as coisas como são, observando seus detalhes, nem perguntamos por que existem. A mente aos poucos se enrijece, se comprime. Assumimos uma atitude defensiva em relação a um mundo que agora consideramos trivial, que já não nos causa admiração, e ficamos aborrecidos quando nossas crenças ou premissas são atacadas.

Chamemos esse modo de pensar de *mente convencional*. Pressionados para ganhar nosso sustento e nos ajustar à sociedade, forçamos a mente a se encaixar em padrões cada vez mais estreitos.

Os Mestres e aqueles que demonstram um alto nível de energia criativa são simplesmente pessoas que conseguem reter em grande parte o espírito da infância, apesar das pressões e das demandas da vida adulta. Essa disposição se manifesta no trabalho e na forma de pensar. As crianças são naturalmente criativas. Elas transformam de maneira ativa tudo ao redor delas, brincam com as ideias e circunstâncias, e nos surpreendem com as coisas que dizem ou fazem. No entanto, a criatividade natural das crianças é limitada; nunca leva a descobertas, invenções ou a grandes obras de arte.

Os Mestres não só conservam o espírito da mente original, como o complementam com a aprendizagem acumulada e com a capacidade de se concentrar profundamente nos problemas ou ideias. Isso leva a um alto nível de criatividade. Mesmo que tenham profundo conhecimento de um assunto, eles mantêm a mente aberta a alternativas para ver e abordar problemas. Mantêm uma vibração infantil por sua área de atuação e adotam abordagens lúdicas.

Algumas pessoas mantêm o espírito e a espontaneidade das crianças, mas sua energia criativa se dissipa em milhares de direções, e elas nunca têm paciência e disciplina para resistir à longa fase de aprendizagem. Outras têm disciplina para acumular um conhecimento vasto e tornam-se especialistas em suas áreas, mas, como não têm flexibilidade de espírito, suas ideias nunca vão além do convencional e elas jamais se tornam realmente criativas. Os Mestres conseguem mesclar os dois atributos – disciplina e entusiasmo infantil – no que denominamos *mente dimensional*. Essa mente não está sujeita às restrições das experiências e dos hábitos. Ela pode se expandir em todas as direções e estabelecer um contato profundo com a realidade, sendo capaz de explorar mais dimensões do mundo. A mente dimensional é ativa, transformando tudo que digere em algo novo e original, *criando* em vez de *consumindo*.

Todos possuímos uma força criativa inata que quer se tornar ativa. Esse é o dom de nossa mente original, que revela esse potencial. A mente humana é naturalmente inventiva, procurando o tempo todo estabelecer associações e conexões entre coisas e ideias. O que sufoca a força criativa não é a idade nem a falta de talento, mas nossa atitude. Nós nos sentimos muito confortáveis com o conhecimento que acumulamos. Ficamos com medo de desenvolver novas ideias e relutamos em empreender o esforço necessário.

No entanto, é preciso saber que todos temos o potencial de reavivar nossa força criativa inata, não importa a idade. Ao compreender como a mente dimensional funciona e o que contribui para a sua expansão, podemos, conscientemente, recuperar nossa elasticidade mental e reverter o processo de atrofia. Os poderes decorrentes da Mente Dimensional são quase ilimitados e estão ao alcance de quase todos nós.

Veja o caso de Mozart. Ele costuma ser considerado o epítome da criança prodígio e do gênio inexplicável, uma aberração da natureza. De que outra maneira explicar suas habilidades extraordinárias, em idade tão tenra, e a explosão de criatividade, nos últimos dez anos de vida, que culminaram em tantas inovações e em obras atemporais e universais? Na verdade, sua genialidade e inventividade são certamente explicáveis – o que não diminui nem um pouco suas realizações.

Imerso na música e fascinado por ela desde o começo da vida, ele iniciou seus primeiros estudos com um alto nível de foco e intensidade. A mente de uma criança de 4 anos é ainda mais aberta e plástica que a de outra poucos anos mais velha. Boa parte dessa capacidade de atenção decorria de seu profundo amor pela música. Nessas condições, praticar piano não era uma tarefa ou um dever, mas uma oportunidade para expandir seus conhecimentos e explorar novas possibilidades. Aos 6 anos, já acumulara as horas de prática de alguém com o dobro de sua idade. Os anos de excursões pela Europa o expuseram a todas as tendências e inovações possíveis. A mente dele foi inundada por um amplo vocabulário de formas e estilos.

Na adolescência, Mozart passou por uma típica crise criativa. Durante quase oito anos, sob pressão do pai, teve que controlar seu poderoso ímpeto criativo. Nesse ponto crítico da carreira, poderia ter sucumbido a esse desencorajamento, continuando a escrever peças bem-comportadas para a corte. Em vez disso, rebelou-se e reconectou-se ao espírito infantil – aquele anseio original de transformar a música em sua própria voz, de realizar seus impulsos dramáticos na ópera. Com toda a energia reprimida, com a longa aprendizagem e com a profundidade de seus conhecimentos, sua criatividade naturalmente explodiu depois de ele se libertar da família. A velocidade com que compôs suas obras-primas não foi uma dádiva divina, mas produto da intensidade com que passou a se expressar em termos musicais, que ele convertia em partituras com extrema facilidade. Longe de ser uma aberração, representava, isso sim, a fronteira mais avançada do potencial criativo que todos possuímos por natureza.

A mente dimensional tem duas necessidades essenciais: a primeira é um alto nível de conhecimento sobre determinada área ou tema de estudo; e a segunda é abertura e flexibilidade para usar esse conhecimento de formas novas e originais. O conhecimento que prepara o terreno para a atividade criativa decorre em grande parte da aprendizagem rigorosa pela qual passamos a dominar todos os fundamentos. Depois de se libertar da necessidade de aprender esses fundamentos, a mente pode se concentrar em questões mais elevadas e criativas. O problema para todos nós é que o conhecimento que adquirimos na fase de aprendizagem – inclusive numerosas regras e procedimentos – pode, aos poucos, converter-se em prisão ao nos trancafiar dentro de certos métodos e formas de pensamento que são unidimensionais. Em vez disso, a mente deve ser forçada a sair de suas posições conservadoras e a se tornar ativa e exploratória.

Despertar a mente dimensional e avançar ao longo do processo criativo exige três passos essenciais: primeiro, escolher a *tarefa criativa* adequada, o tipo de atividade que maximizará nossas habilidades e nossos conhecimentos; segundo, desobstruir e abrir a mente por meio de certas *estratégias criativas*; e, terceiro, estabelecer as condições mentais ideais para a *ruptura* ou *insight*. Finalmente, ao longo de todo o processo, também precisamos tomar cuidado com as *armadilhas emocionais* – complacência, monotonia, grandiosidade, entre outras – que o tempo todo ameaçam sabotar ou bloquear o progresso. Se formos capazes de avançar e de superar os obstáculos, conseguiremos liberar nossas poderosas forças criativas latentes.

Primeiro passo: A tarefa criativa

O ponto de partida é mudar o próprio conceito de criatividade, encarando-o sob um novo ângulo. Fazer uma descoberta, inventar algo que se conecte com o público, produzir uma obra de arte com significado, tudo isso demanda tempo e esforço. Chegar a esse ponto geralmente envolve anos de experimentação, vários retrocessos e fracassos, e a necessidade de manter um alto nível de foco. É preciso ter paciência e confiar que o esforço renderá algo importante. Mesmo que você tenha a mente mais brilhante, repleta de conhecimentos e de ideias, se escolher mal o tema a explorar ou o problema a atacar, o mais provável é que perca o interesse e fique sem energia. Nesse caso, todo o seu brilho intelectual não levará a nada. A tarefa escolhida deve ter um elemento obsessivo. Como a sua Missão de Vida, ela precisa se relacionar a algo profundo em seu âmago.

Entenda que o que o Mestre faz é escolher para onde direcionar a própria energia.

Eis a Lei Fundamental da Dinâmica Criativa: seu envolvimento emocional com o que está fazendo se manifestará diretamente em seu trabalho. Quem se dedica com superficialidade ao trabalho, sem entusiasmo e determinação, fica para trás e colhe resultados medíocres. Quando você faz algo apenas por dinheiro, sem compromisso e sem paixão, produz coisas sem alma, sem conexão consigo mesmo. É até possível que não se dê conta desse efeito, mas esteja certo de que o público o perceberá, recebendo sua obra com o mesmo desânimo com que você a produziu. Se estiver empolgado e obcecado na busca, essa vibração se manifestará nos detalhes. Quando sua criação emerge de um lugar profundo, a autenticidade dela é perceptível. Tudo isso se aplica às artes, às ciências e aos negócios. Jamais se dedique apenas parcialmente a qualquer empreendimento criativo em sua área de atuação, confiando no próprio brilhantismo para levá-lo avante. É preciso fazer a escolha certa, exercer a opção perfeita, compatíveis com as suas energias e inclinações.

Para ajudar nesse processo, em geral é recomendável preferir algo que apele a seu senso de heterodoxia e desperte sentimentos latentes de rebelião. Talvez o que você queira descobrir esteja sendo ignorado ou ridicularizado pelos outros. Ao optar por algo que o encante em termos pessoais, você naturalmente desbravará caminhos inexplorados. Associe essa paixão ao anseio de subverter paradigmas tradicionais e de avançar contra a corrente. A impressão de enfrentar inimigos ou questionadores pode atuar como um poderoso fator de motivação e impregná-lo de energia criativa e de foco.

Dois aspectos precisam ser lembrados sempre: primeiro, a tarefa escolhida deve ser realista, ou seja, seus conhecimentos e habilidades devem torná-lo apto a executá-la.

Segundo, você precisa descartar a necessidade de conforto e segurança. Os empreendimentos criativos são, por natureza, incertos. Você até pode conhecer a tarefa, mas nunca tem certeza absoluta de para onde seus esforços o levarão. Se tudo em sua vida tiver que ser simples e seguro, a natureza incerta da tarefa o encherá de ansiedade. Se você se preocupar com o que os outros pensarão e com a maneira como sua posição no grupo talvez seja prejudicada, jamais criará algo realmente novo. Se você teme fracassar ou enfrentar um período de instabilidade mental e financeira, você infringirá a Lei Fundamental da Dinâmica Criativa, e seus medos se refletirão nos resultados. Veja a si mesmo como um explorador. Você não encontrará nada de novo se não estiver disposto a se afastar da praia.

Segundo passo: Estratégias criativas

Pense na mente como um músculo que se retrai com o passar do tempo, a não ser que seja exercitado de forma consciente. Dois são os fatores que causam essa retração. Primeiro, em geral preferimos cultivar os mesmos raciocínios e abordagens, pois nos proporcionam um senso de consistência e de familiaridade. Preservar os mesmos métodos também nos poupa de muitos esforços. Somos criaturas que se apegam aos hábitos. Segundo, sempre que trabalhamos com afinco em certo problema ou ideia, nossa mente naturalmente estreita o foco, por causa da tensão e do esforço indispensáveis. Isso significa que, quanto mais progredimos em nossa tarefa criativa, menos oportunidades ou pontos de vista alternativos tendemos a considerar.

Esse processo de enrijecimento aflige a todos nós. O único antídoto é adotar estratégias que relaxem a mente e admitam formas de pensar diferentes. As cinco estratégias para o desenvolvimento dessa flexibilidade, apresentadas a seguir, foram extraídas das lições e das histórias dos Mestres mais criativos, do passado e do presente. Seria prudente adaptar e adotar todas elas, até certo ponto, estendendo e relaxando a mente em todas as direções.

A. Cultive a capacidade negativa
Somos, por natureza, criaturas medrosas e inseguras. Não gostamos do inusitado e do desconhecido. Para compensar essa deficiência, nós nos afirmamos por meio de opiniões e de ideias que nos fazem parecer fortes e seguros. Muitas dessas opiniões não são produtos de reflexões profundas, baseando-se mais em conceitos e teorias alheios. Além disso, depois que aderimos a essas ideias, admitir que estão erradas é ferir nosso ego e nossa vaidade. As pessoas realmente criativas são capazes de, temporariamente, suspender o próprio ego e experimentar o que estão vendo, sem a

necessidade de expressar julgamento, durante tanto tempo quanto possível. Estão mais do que dispostas a deixar que suas opiniões mais acalentadas sejam contestadas pela realidade. Essa capacidade de tolerar e até de cultivar mistérios e incertezas é o que o grande poeta inglês John Keats denomina *capacidade negativa*. Todos os Mestres possuem essa capacidade negativa, que atua como fonte de seu poder criativo. Essa qualidade lhes permite cultivar uma ampla gama de ideias e experimentos, o que, por sua vez, torna mais fecundo e mais inventivo o trabalho deles.

Para pôr em prática a capacidade negativa, é preciso desenvolver o hábito de suspender a necessidade de julgar tudo o que cruza seu caminho, considerando perspectivas opostas às suas próprias opiniões. Observa-se uma pessoa ou acontecimento durante algum tempo, deliberadamente evitando formar opinião. Procura-se o que não é comum. Tenta-se de todas as maneiras romper o curso normal do pensamento e descartar o sentimento de que já se conhece a verdade.

A capacidade negativa não deve ser um estado mental permanente. A fim de produzir qualquer tipo de trabalho, devemos impor limites ao que merece nossa consideração; precisamos organizar nossos pensamentos em padrões mais ou menos coerentes, extraindo conclusões deles. Por fim, temos que formular certos julgamentos. A capacidade negativa é uma ferramenta que usamos no processo de abrir a mente temporariamente para mais possibilidades.

B. Abra espaço para a serendipidade

O cérebro é um órgão que se desenvolveu para fazer conexões. Ele opera como sistema duplo de processamento, em que todas as informações que recebe são constantemente comparadas com outras informações. Está sempre buscando semelhanças, diferenças e relações entre os dados em processamento. Para se tornar um Mestre, sua tarefa deve ser alimentar essa inclinação natural, a fim de criar as condições ideais para estabelecer novas associações originais entre ideias e experiências. E uma das melhores formas de conseguir esse resultado é abrir mão dos controles conscientes e permitir que o acaso entre no processo.

A razão para isso é simples. Quando nos dedicamos a determinado projeto, nossa atenção tende a se tornar muito estreita, por nos concentrarmos de maneira tão intensa. Ficamos tensos. Nesse estado, a reação da mente é tentar reduzir a quantidade de estímulos a serem administrados. Nós nos fechamos em relação ao mundo no intuito de focarmos no que é prioritário. Com isso, fica mais difícil percebermos outras possibilidades e sermos mais abertos e criativos. Quando estamos mais relaxados, a atenção naturalmente se amplia e absorvemos mais estímulos.

Muitas das descobertas mais interessantes e profundas em ciências ocorreram quando o pensador não estava concentrado diretamente no problema, mas se preparando para dormir, para pegar uma condução ou para ouvir uma piada – em momentos de atenção difusa, quando algo inesperado entra na esfera mental e provoca uma conexão inédita e fértil. Essas associações e descobertas aleatórias são conhecidas como *serendipidade* – a ocorrência de algo que não estamos esperando – e, embora, por sua natureza, não haja como forçar sua ocorrência, é possível atraí-la ao processo criativo por meio de dois passos simples.

O primeiro passo é ampliar ao máximo a busca. Para isso, na fase de pesquisa do projeto, procura-se mais do que é necessário e expande-se a pesquisa para outros campos, lendo e absorvendo qualquer informação correlata. Quando se tem uma teoria ou hipótese específica sobre o fenômeno, examinam-se o máximo de exemplos e possíveis contestações. Talvez isso pareça cansativo e contraproducente, mas é preciso confiar no processo. Como consequência, o cérebro fica cada vez mais estimulado pela variedade de informações. Gera-se, assim, uma espécie de impulso mental, pelo qual a mais tênue chance de ocorrência dispara uma ideia fértil.

O segundo passo é manter a abertura e o relaxamento. Em fases de grande tensão e busca, você se concede momentos de liberação. Faz exercícios físicos, envolve-se em atividades fora do trabalho ou reflete sobre algo diferente, por mais trivial que seja. Quando uma nova ideia imprevista desponta em sua mente, você não a ignora por parecer irracional nem a descarta por não se encaixar no foco estreito de sua atividade principal. Em vez disso, dedica-lhe atenção integral e explora para onde ela o levará.

Para ajudá-lo a cultivar a serendipidade, convém sempre ter à mão lápis e papel. No momento em que lhe ocorrer alguma ideia ou observação, tome nota. Assim, você registra qualquer ideia inesperada e interessante que lhe vier à mente, como desenhos, citações, etc. Dessa maneira, torna-se possível experimentar as ideias mais absurdas. A justaposição de tantos fragmentos aleatórios é capaz de deflagrar várias associações.

Em geral, deve-se adotar um raciocínio mais *analógico*, tirando maior proveito da capacidade associativa da mente. Pensar em termos de analogias e metáforas pode ser bastante útil no processo criativo.

As analogias podem ser exatas e lógicas, como a comparação estabelecida por Isaac Newton entre a fruta que caiu da macieira em seu jardim e a Lua que gravita em torno da Terra no espaço. Ou podem ser vagas e ilógicas, como a do jazzista John Coltrane, que se refere às suas composições como catedrais de som. Em todo caso, você deve se treinar para recorrer constantemente a analogias como meio de reformular e de expandir suas ideias.

C. Estimule a mente – a Corrente
A Corrente é como uma carga elétrica mental que ganha força por meio de um processo de alternância contínuo. Observamos

algo no mundo que chama nossa atenção e nos faz refletir sobre seu significado. Em consequência, desenvolvemos várias explicações possíveis. Ao refletirmos sobre o fenômeno outra vez, nós o vemos de maneira diferente, à luz das várias ideias que imaginamos para explicá-lo. É até possível que realizemos experimentos para confirmar ou alterar nossas especulações. E, quando mais uma vez analisamos o fenômeno, semanas ou meses depois, constatamos cada vez mais aspectos de sua realidade oculta.

Se não tivéssemos especulado sobre o resultado do que observamos, simplesmente teríamos feito uma observação que não nos levaria a lugar algum. Se houvéssemos especulado sem continuar a analisar e a verificar, apenas teríamos ficado com algumas ideias vagas na cabeça. No entanto, ao repetir o ciclo, envolvendo especulação e observação/experimento, somos capazes de prospectar a realidade com uma profundidade cada vez maior. A Corrente é um diálogo constante entre nossas especulações e a realidade. Se mergulharmos fundo o bastante no processo, seremos capazes de desenvolver teorias que explicam algo muito além de nossos recursos limitados.

Com muita frequência, a Corrente entra em *curto-circuito*. As pessoas veem algum fenômeno no contexto cultural ou no meio ambiente que lhes desperta emoções e se apressam em especular, sem paciência para desenvolver possíveis explicações que poderiam ser verificadas por mais observações. Por outro lado, muitos outros, em especial na academia e nas ciências, acumulam montanhas de informações e dados de estudos e estatísticas, mas nunca se aventuram em especular sobre as ramificações mais amplas dessas informações nem as integram numa teoria.

Em vez disso, você deve adotar a trajetória de todos os pensadores criativos e avançar na direção oposta. Além de especular, você ousa com as ideias, o que o induz a trabalhar com afinco para confirmar ou desmentir suas teorias, penetrando a realidade no processo. Como disse o grande físico Max Planck, os cientistas "devem cultivar uma imaginação intuitiva vívida, pois as novas ideias não são geradas por dedução, mas por uma imaginação criativa artística".

A Corrente pode ser aplicada em todo tipo de invenção ou ideia de negócios, ao trabalhar com artefatos ou protótipos. Digamos que você tenha uma ideia para um novo produto. Você o projeta e lança por conta própria, mas logo constata uma discrepância entre sua empolgação pelo produto e a reação um tanto indiferente do público. O que faltou foi o diálogo com a realidade, que é a essência da Corrente. Em vez disso, é melhor produzir um protótipo – uma forma de especulação – e ver como as pessoas respondem. Com base nas avaliações daí decorrentes, é possível refazer o trabalho e relançá-lo, repetindo o ciclo várias vezes, até aperfeiçoá-lo. As reações do público o levarão a refletir com mais profundidade sobre o que está sendo produzindo. Esse feedback o ajudará a tornar visível o que, em geral, é invisível aos seus olhos – a realidade objetiva de seu trabalho e as falhas que lhe são imperceptíveis como autor, mas que se tornam ostensivas e incômodas para o público em geral. Essa alternância entre ideias e artefatos o ajudará a criar algo cativante e eficaz.

D. Altere sua perspectiva

Considere a reflexão uma forma ampliada de visão, que nos permite captar mais do mundo. E encare a criatividade como a capacidade de expandir mais essa visão, para além das fronteiras convencionais.

Quando percebemos um objeto, os olhos transmitem para o cérebro apenas seu esboço ou suas características mais notáveis, deixando que a mente preencha as lacunas, o que nos proporciona uma estimativa rápida e um tanto exata do que estamos enxergando. Os olhos não estão prestando muita atenção em todos os detalhes, mas, sim, notando padrões. Nossos processos mentais recorrem a atalho semelhante. Quando ocorre algo ou quando conhecemos alguém, não paramos para pensar em todos os aspectos ou detalhes. Em vez disso, vemos esboços ou padrões que se encaixam em nossas expectativas e em nossas experiências. Enquadramos os objetos ou pessoas em categorias.

As pessoas criativas conseguem resistir a esses atalhos. Elas são capazes de observar um fenômeno de vários ângulos diferentes, percebendo aspectos que ignoramos porque olhamos apenas em linha reta. Não importa se essa capacidade é natural ou aprendida: a mente pode ser treinada para se soltar e escapar das limitações. Para isso, é preciso se conscientizar dos padrões típicos em que a mente se encaixa e de como romper esses padrões para alterar sua perspectiva por meio de esforço deliberado. Ao se engajar nesse processo, você ficará impressionado com as ideias e com a criatividade que serão liberadas. Eis alguns dos padrões e atalhos mais comuns e algumas maneiras de evitá-los.

Olhar para o "o quê", em vez de para o "como"
Digamos que algo dê errado em um projeto. Nossa tendência é buscar uma causa única ou uma explicação simples, que revele como resolver o problema. Se o livro que estamos escrevendo não está ficando bom, nós nos concentramos na redação pouco inspirada ou no conceito mal orientado por trás dele. Ou se a empresa em que trabalhamos não vem apresentando um bom desempenho, nos voltamos para os produtos que produzimos e comercializamos. Embora imaginemos que estamos sendo racionais ao pensar dessa maneira, quase sempre os problemas são mais complexos e holísticos. Na verdade, nós os estamos simplificando, com base na lei de que a mente sempre procura atalhos.

Olhar para o "como" em vez de para o "o quê" significa focar na estrutura – em como as partes se relacionam com o todo.

Quanto ao livro, talvez ele não esteja ficando bom porque não está bem organizado, e a má organização é consequência de ideias sobre as quais não refletimos. Ao aprimorar a estrutura, melhoraremos a redação. No caso da empresa, devemos analisar com mais profundidade a organização em si – a qualidade da comunicação interpessoal, a rapidez e a fluidez com que se transmitem informações. Se as pessoas não se comunicam, se não estão em sintonia, nenhuma mudança no produto ou no marketing melhorará o desempenho.

Precipitar-se para generalidades e ignorar os detalhes
Nossa mente sempre parte para generalizações apressadas sobre as coisas, com frequência baseada em informações insuficientes. Formamos opiniões depressa, em conformidade com nossas ideias anteriores, e não prestamos muita atenção aos detalhes. Para combater esse padrão, precisamos, às vezes, deslocar o foco do *macro* para o *micro* – atribuindo muito mais ênfase aos detalhes, à imagem mais restrita.

De modo geral, tente abordar os problemas ou ideias com a mente muito aberta. Deixe que o estudo dos detalhes oriente seu pensamento e molde suas teorias. Pense em tudo na natureza, ou no mundo, como uma espécie de holograma – a menor parte refletindo algo essencial do todo. A imersão nos detalhes combate a tendência do cérebro para a generalização e aproxima o observador da realidade. Empenhe-se, porém, para não se fascinar pelos detalhes e perder de vista a maneira como se refletem no todo e se encaixam numa ideia mais ampla. Esse seria simplesmente o outro lado da mesma doença.

Confirmar os paradigmas e desprezar as anomalias
Em todas as áreas de atuação sempre há paradigmas inevitáveis – maneiras convencionais de explicar a realidade. Essa tendência

é importante, pois, sem esses paradigmas, seríamos incapazes de compreender o mundo. Às vezes, porém, esses mesmos modelos acabam dominando nossa forma de pensar. Costumamos procurar padrões no mundo que confirmem aquilo em que já acreditamos. O que não se encaixa nos paradigmas – as anomalias – tende a ser ignorado ou descartado. Na verdade, são as anomalias em si que contêm as informações mais proveitosas. Elas em geral nos revelam as falhas de nossos padrões e nos abrem novas maneiras de ver o mundo. Você deve se transformar em detetive, deliberadamente identificando e observando as mesmas anomalias que as pessoas tendem a desconsiderar.

Para Charles Darwin, o ponto crucial da teoria decorreu da observação das mutações. As variações estranhas e aleatórias dos seres vivos são a causa do surgimento e da evolução de uma nova espécie. Pense nas anomalias como deflagradoras e norteadoras da evolução. Elas geralmente representam o futuro, mas, à primeira vista, parecem estranhas. Ao estudá-las, pode-se vislumbrar o futuro antes de qualquer outra pessoa.

Focar no que está presente, esquecer o que está ausente
Em *Estrela de prata*, romance policial de Arthur Conan Doyle, Sherlock Holmes resolve um crime prestando atenção no que não aconteceu – o cão da família não latiu. Isso indicava que o assassino era alguém que o animal conhecia. A história mostra como a pessoa comum geralmente não está atenta ao que denominaremos *pistas negativas*, algo que deveria ter acontecido mas não aconteceu. Nossa tendência natural é focarmos nas informações positivas, considerar apenas o que podemos ver e ouvir. Somente os tipos mais criativos como Holmes pensam de maneira mais abrangente e rigorosa, levando em conta as informações que faltam em um acontecimento; percebendo as ausências tanto quanto as presenças.

Nos negócios, a tendência natural é observar o que já está presente no mercado e pensar em como torná-lo melhor ou mais barato. A abordagem mais eficaz – equivalente a ver a pista negativa – é concentrar a atenção em alguma necessidade que não está sendo atendida, no que está ausente. Para isso é necessário mais reflexão e um esforço maior de conceituação, mas as recompensas podem ser imensas quando se identifica uma carência que não foi suprida. Um modo interessante de iniciar esse processo mental é partir de uma nova tecnologia disponível e considerar como ela poderia ser aplicada de forma muito diferente, atendendo a alguma necessidade latente, que talvez exista, mas que não é de todo evidente. Se a necessidade for óbvia demais, outras pessoas já a estarão considerando.

E. Retorne às formas primitivas de inteligência

A linguagem é em grande parte um sistema concebido para a comunicação social. Baseia-se em convenções compartilhadas por todos e mais ou menos rígidas e estáveis, de modo a possibilitar o entendimento mútuo com um mínimo de ruído. No entanto, quando se trata da incrível complexidade e fluidez da vida, ela com frequência nos deixa em uma situação precária.

Nos últimos cem anos, com o rápido desenvolvimento das ciências, da tecnologia e das artes, nós, humanos, tivemos que usar o cérebro para resolver problemas cada vez mais complexos, e as pessoas realmente criativas desenvolveram a capacidade de pensar além da linguagem para recuar às formas primitivas de inteligência, que nos serviram durante milhões de anos.

De acordo com o célebre matemático Jacques Hadamard, a maioria de seus colegas pensa em termos de imagens, criando o equivalente visual do teorema que estão tentando elaborar. Michael Faraday era um grande pensador visual. Quando concebeu a ideia de linhas de força eletromagnéticas, antecipando-se às teorias de campo do século XX, ele as avistou com os olhos da mente antes de escrever sobre elas.

A razão para essa "regressão" às formas de pensamento visuais é simples. A memória operacional humana é limitada. Usando imagens, podemos conceber ao mesmo tempo, num relance, muitas coisas diferentes. O uso de imagens para compreender o mundo talvez seja a forma mais primitiva de inteligência, capaz de nos ajudar a evocar ideias que depois verbalizamos. Enquanto as palavras são abstratas, as imagens ou modelos de súbito tornam nossas ideias mais concretas, o que atende à nossa necessidade de perceber as coisas com os sentidos.

Mesmo que pensar dessa maneira não seja natural para você, usar diagramas e modelos para compreender melhor o processo criativo pode ser bastante produtivo. No começo de suas pesquisas, Charles Darwin, que, normalmente, não era um pensador visual, recorreu a uma imagem para conceituar a evolução – uma árvore com galhos irregulares. Aquilo significava que todas as formas de vida emergiram de uma semente; alguns galhos da árvore já maduros, outros ainda crescendo e produzindo novos brotos. A imagem se mostrou extremamente útil, e ele voltou a ela várias vezes.

Estudos demonstraram que a sinestesia – momentos em que uma percepção evoca outra, pertencente ao domínio de outro sentido – é muito mais comum entre artistas e pensadores. Já se especulou que o aguçamento dessa faculdade decorre de um alto grau de conectividade no cérebro, atributo que também contribui para a inteligência. Pessoas criativas não pensam apenas com palavras, mas usam todos os sentidos, aplicam o corpo inteiro no processo. Elas encontram pistas sensoriais que estimulam o pensamento em muitos níveis – seja um cheiro intenso, seja uma sensação na pele. Isso significa que são mais abertas a formas alternativas de pensar, de criar e de sentir o mundo. Desfrutam de uma variedade mais ampla de experiências sensoriais. Estimular o cérebro e os sentidos em várias direções ajuda a liberar a criatividade primordial e a recuperar a mente original.

Terceiro passo: A ruptura criativa – Tensão e insight

Na vida criativa de quase todos os Mestres, constatamos o seguinte padrão: eles começam os projetos cheios de intuição e empolgação sobre as possibilidades de sucesso. O projeto está profundamente ligado a algo pessoal e essencial, e lhes parece muito vívido.

À medida que essa excitação nervosa inicial os inspira em certas direções, eles começam a dar forma ao conceito, estreitando suas possibilidades e canalizando suas energias para ideias que se tornam cada vez mais distintas. Entram numa fase de foco intenso. Mas os Mestres sempre possuem outro atributo que complica o processo de trabalho: não se satisfazem facilmente com o que estão fazendo. Embora se sintam estimulados, também têm dúvidas sobre o valor do trabalho. Cultivam altos padrões internos. Conforme progridem, passam a detectar falhas e dificuldades na ideia original que não haviam previsto de início.

Ao mesmo tempo que o processo se torna cada vez mais consciente e menos intuitivo, aquela ideia a princípio tão vívida começa a parecer desgastada. É um sentimento incômodo, e eles se dedicam ainda mais ao trabalho na tentativa de encontrar uma solução. Quanto mais tentam, mais tensão e frustração acabam gerando. No começo, a mente estava apinhada de ricas associações; agora, parece presa a uma linha estreita de pensamento, que não suscita as mesmas conexões. A certa altura do processo, indivíduos menos brilhantes simplesmente desistiriam ou se satisfariam com padrões mais baixos – com um projeto medíocre e mal-acabado. Os Mestres, porém, são mais fortes. Já passaram por isso antes e, em nível inconsciente, compreendem que devem persistir e que a frustração, ou o sentimento de bloqueio, tem um propósito.

A certa altura, quando a tensão se torna insuportável, resolvem relaxar durante algum tempo. Talvez seja apenas uma questão de interromper o trabalho e dormir; mas também pode ser uma paralisação mais longa, uma pausa para se dedicar durante algum tempo a outro trabalho. O que quase sempre acontece nesses casos é que a ideia perfeita para concluir o trabalho lhes ocorre como uma revelação.

Essas histórias são tão comuns que indicam algo essencial sobre o cérebro e sobre o modo como ele alcança certos piques de criatividade. Podemos explicar esse padrão da seguinte maneira: se continuássemos tão empolgados quanto no começo do projeto, mantendo aquele sentimento intuitivo que deflagrou todo o processo, jamais seríamos capazes de assumir a distância necessária para observar nosso trabalho com objetividade e aprimorá-lo. A perda do vigor inicial nos leva a elaborar e a retrabalhar a ideia. Nos obriga a não nos satisfazermos cedo demais com uma solução fácil. A rigidez e a frustração cada vez maiores, decorrentes da dedicação obstinada a um problema ou a uma ideia, naturalmente conduz a um ponto de ruptura. Percebemos que não estamos chegando a lugar algum. Esses momentos são avisos do cérebro para relaxar, pelo tempo que for necessário, e a maioria das pessoas criativas, consciente ou inconscientemente, aceita a recomendação.

Quando relaxamos, não estamos conscientes de que, abaixo da superfície da consciência, as ideias e as associações que desenvolvemos continuam a borbulhar e a evoluir. Menos pressionado, o cérebro é capaz de, por um momento, voltar ao estado inicial de empolgação que, a essa altura, já foi enriquecido por todo o trabalho árduo. Agora, o cérebro tem condições de encontrar a síntese adequada do trabalho, que até então se esquivava de nós, por estarmos sendo muito rígidos na abordagem.

O segredo é se conscientizar desse processo e ir o mais longe possível com as dúvidas, com os retrabalhos e com o esforço, ciente do valor e do propósito da frustração e do bloqueio criativo que você está enfrentando. Veja a si mesmo como seu próprio mestre zen. Esses mentores os levam a piques de dúvida e de tensão, sabendo que esses momentos em geral precedem a epifania.

Armadilhas emocionais

Quando chegamos à fase criativa-ativa de nossa carreira, encaramos novos desafios que não são simplesmente mentais ou intelectuais. O trabalho é mais exigente; estamos por conta própria e os riscos são mais altos. Nosso trabalho agora é mais exposto ao público, sujeito, portanto, a um escrutínio rigoroso. Talvez tenhamos as ideias mais brilhantes e uma mente capaz de superar as maiores dificuldades intelectuais, mas, se não formos cuidadosos, ficaremos muito inseguros, ansiosos demais com as opiniões alheias ou excessivamente autoconfiantes. Ou nos sentiremos entediados e perderemos o gosto pelo trabalho duro, que é sempre indispensável. É melhor estar preparado para essas armadilhas e nunca cair nelas. Eis as ameaças mais comuns à espreita no nosso caminho.

Complacência: Na infância, o mundo parecia um lugar encantado. Tudo o que encontrávamos tinha intensidade e despertava admiração. Agora, de nosso ponto de vista maduro, consideramos ingênuas as reações de arrebatamento, algo que superamos com nossa sofisticação e nossa vasta experiência do mundo real. Mas nossas atitudes céticas e cínicas envolvem o risco de nos alienarmos de muitas questões interessantes, e até da realidade em si.

Sem nos conscientizarmos disso, a mente se estreita e se enrijece à medida que a complacência se infiltra na alma, e, ainda que tenhamos conquistado reconhecimento público por nosso trabalho passado, sufocamos nossa própria criatividade e jamais a recuperamos. Faça de tudo para combater essa tendência, preservando sua capacidade de deslumbramento. Lembre-se o tempo todo de quão pouco você realmente sabe, e de como o mundo continua misterioso.

Conservadorismo: Se você conquistar algum tipo de atenção ou sucesso por seu trabalho nesta fase, cuidado com o grande perigo do conservadorismo. Você começa a se apaixonar pelas ideias e estratégias que deram certo no passado. Você se vicia no conforto material que conquistou e, antes de se dar conta, passa a defender ideias em que julga acreditar, mas que, na verdade, decorrem da necessidade de agradar ao público, aos patrocinadores ou a quem quer que seja.

A criatividade é, por natureza, um ato de ousadia e de rebelião. Você não aceita o status quo nem a sabedoria convencional. Questiona as próprias regras que aprendeu, experimenta e testa as fronteiras. O mundo está ansioso por ideias mais ousadas, por pessoas que não tenham medo de especular nem de investigar.

Dependência: Na fase de aprendizagem, você dependia de mentores e de outras pessoas em níveis hierárquicos mais altos para avaliar seu desempenho na área em que atuava. Se não tomar cuidado, você manterá essa necessidade de aprovação ao longo da fase seguinte. Só que, em vez de depender do julgamento de seu trabalho pelo Mestre, você agora passa a depender das opiniões do público. Isso não significa que você deva ignorar esses julgamentos, mas sim, que é preciso primeiro trabalhar com afinco para desenvolver critérios de avaliação próprios e para conquistar um alto grau de independência. Assim, você adquire a capacidade de ver seu trabalho com certo distanciamento; quando o público reagir, você terá condições de distinguir entre o que merece atenção e o que deve ser ignorado.

Impaciência: Essa talvez seja a mais perigosa de todas as armadilhas, algo que o ameaça o tempo todo, por mais disciplinado que se considere. Você se convence de que seu trabalho está concluído e bem-feito, quando, na verdade, é a impaciência que está pressionando e influenciando seu julgamento. Infelizmente, o processo criativo exige intensidade e vigor incessantes. Cada exercício, problema ou projeto é diferente. Apressar-se para chegar ao fim ou requentar velhas ideias apenas produzirá resultados medíocres.

A melhor maneira de neutralizar nossa impaciência natural é cultivar uma espécie de prazer na dor – como os atletas, você passa a gostar do exercício exaustivo, da superação dos limites e da renúncia às práticas simplistas e ineficazes.

Grandiosidade: Às vezes, o grande perigo decorre mais do sucesso e do elogio que da crítica. Se aprendermos a lidar bem com a crítica, ela pode nos fortalecer e nos ajudar a corrigir as falhas em nosso trabalho. O elogio quase sempre causa danos. Muito lentamente, a ênfase se desloca da alegria do processo criativo para o amor pela atenção e pelo ego inflado. Para evitar esse destino, é preciso ter uma visão mais ampla. Sempre há outras pessoas por aí que o superam em genialidade. A sorte com certeza desempenha um papel, assim como a ajuda do mentor e de todos aqueles que no passado pavimentaram seu caminho. O que em última instância deve motivá-lo é o trabalho em si e o processo. A atenção do público significa de fato perturbação e distração.

Estratégias para chegar à fase criativa-ativa

Ao superarem a fase de aprendizagem, todos os futuros mestres deparam com o mesmo dilema: ninguém jamais os instruiu sobre o processo criativo, e não existem livros ou professores a quem recorrer. Lutando sozinhos para se tornarem mais ativos e mais imaginativos com o conhecimento que adquiriram, desenvolvem seus próprios processos – os mais compatíveis com os respectivos temperamentos e campos de atuação. E nessas evoluções criativas podemos detectar alguns padrões básicos e certas lições fundamentais para todos. A seguir estão sete diferentes abordagens estratégicas para fazer a transição para a fase criativa. Elas foram extraídas das histórias das personalidades mais criativas do presente e do passado.

1. A voz autêntica

Vejamos o campo da música. Nos trabalhos de grandes compositores ou artistas de jazz é possível detectar uma voz única, que se manifesta pela música. Mas que voz é essa? Não é algo que conseguimos converter com exatidão em palavras. Os músicos expressam a percepção profunda de sua natureza, de sua compleição psicológica peculiar e até de seu inconsciente. É algo que aparece em seu estilo, em seus ritmos. Mas essa voz não emerge de maneira natural e espontânea. Alguém que pegue um instrumento e tente expressar esses atributos de início produzirá nada mais que ruídos. O jazz, e qualquer outra forma de música, é uma linguagem, com sintaxe e léxico. Assim, o paradoxo extremo é que os músicos mais capazes de impressionar por sua individualidade são os que primeiro mergulham mais completamente em um longo período de aprendizagem.

Ao passar tanto tempo aprendendo a estrutura, desenvolvendo a técnica e absorvendo todos os estilos e formas de tocar possíveis, os músicos constroem um vasto vocabulário. Depois que tudo isso fica gravado em seu sistema nervoso, a mente deles pode se concentrar em coisas maiores. Ela consegue moldar todas as técnicas aprendidas, transformando-as em algo mais pessoal, mais autêntico. E o que vale para a música vale também para qualquer campo ou disciplina.

Entenda que o maior obstáculo à criatividade é a impaciência, o desejo quase irreprimível de apressar o processo, de expressar algo e de fazer sucesso. O que acontece nesses casos é que não se chega a dominar os fundamentos, a dispor de um vocabulário próprio. O que se supõe ser criatividade e singularidade não passa de imitação do estilo alheio. O público, porém, não se engana com facilidade. As pessoas percebem a falta de rigor, a veia imitativa, o anseio de conquistar atenção, e viram as costas para os impostores ou os recebem sem muito entusiasmo, que logo passa, condenando-os ao esquecimento. A melhor trajetória é amar o aprendizado em si mesmo. Quem passar anos absorvendo as técnicas e convenções de sua área, experimentando-as, dominando-as, explorando-as e personalizando-as, sempre encontrará sua voz autêntica e dará à luz algo único e expressivo.

2. O fato de maior rendimento

O mundo animal pode ser dividido em dois tipos – especialistas e oportunistas. Os especialistas, como gaviões ou águias, têm uma habilidade dominante, da qual dependem para a sobrevivência. Quando não estão caçando, podem entrar em modo de completo relaxamento. Os oportunistas, por outro lado, não têm uma especialidade particular. Dependem, ao contrário, da capacidade de farejar e de aproveitar qualquer oportunidade. Encontram-se em estado de tensão constante e exigem estímulo contínuo. Nós, humanos, somos os grandes oportunistas do mundo animal, os menos especializados dos seres vivos. Todo o cérebro e o sistema nervoso se voltam para a busca de qualquer tipo de abertura. Nossos ancestrais mais primitivos não partiram de uma ideia para a criação de ferramentas que os ajudassem a rapinar e a matar. Em vez disso, depararam com uma pedra, talvez uma inusitadamente afiada ou alongada, e viram uma possibilidade. Ao pegá-la e manuseá-la, ocorreu-lhes a ideia de usá-la como ferramenta. Essa inclinação oportunista da mente humana é a fonte e a base de nossa capacidade criativa, e é ao explorar essa propensão do cérebro que maximizamos esses poderes.

No entanto, no caso de empreendimentos criativos, é comum encontrarmos pessoas que os abordam da forma errada. Isso geralmente aflige os jovens e inexperientes, que começam com objetivos ambiciosos, um negócio, uma invenção ou um problema a ser resolvido. E partem, então, em busca de métodos para atingir o objetivo. A procura pode tomar milhares de rumos, cada um dos quais leva a determinado desfecho, mas nos quais também é possível que acabem exaustos e nunca encontrem a chave para alcançar sua meta. Muitas variáveis contribuem para o sucesso. Os tipos mais experientes e sábios são oportunistas. Em vez de começarem com um objetivo amplo, saem à procura do fato de maior rendimento – alguma evidência empírica que pareça estranha e que não se encaixe no paradigma, mas que, ainda assim, seja instigante. Essa pequena anomalia se destaca e lhes chama a atenção, como a pedra pontiaguda. Ainda não estão certos de seu objetivo e tampouco têm em mente uma aplicação para o fato que descobriram, mas estão abertos para qualquer destino a que aquilo os leve. Se investigarem, descobrirão algo que desafiará as convenções predominantes e que oferecerá oportunidades infindáveis de conhecimento e de aplicação.

Ao procurar por fatos de grande rendimento, é preciso seguir certas diretrizes. Embora você esteja começando em determinado campo de atuação que conhece em profundidade, não deve permitir que sua mente se limite a essa disciplina. Em vez disso, é importante ler periódicos e livros das mais diferentes áreas. Às vezes você encontra anomalias interessantes em disciplinas não relacionadas que talvez tenham muitas implicações úteis em seu campo de atuação. É preciso manter a mente totalmente aberta – nada é insignificante ou irrelevante demais para não merecer atenção. Se alguma anomalia suscita dúvidas sobre suas próprias crenças ou premissas, tanto melhor. Você deve especular sobre seu significado, processo que norteará suas pesquisas subsequentes, mas não determinará suas conclusões. Se sua descoberta parece ter ramificações profundas, você deve explorá-la com o máximo de intensidade. É melhor investigar dez desses fatos e apenas um deles render uma grande descoberta do que examinar vinte ideias que contribuem para o sucesso mas têm implicações triviais. Você é o caçador supremo, sempre alerta, olhos perscrutando a paisagem à procura do fato que revelará uma realidade antes oculta, com profundas consequências.

3. Poderes naturais

Como o processo criativo é uma questão ardilosa, para a qual não recebemos treinamento, em nossos primeiros esforços criativos quase sempre estamos por conta própria, para o bem ou para o mal. E, nessas circunstâncias, temos que produzir algo compatível com nossas peculiaridades e nossa profissão. Muitas vezes, porém, erramos muito no desenvolvimento de um método, em especial quando estamos sob pressão para produzir resultados e com medo de não chegarmos a lugar nenhum. Na abordagem que muitos artistas bem-sucedidos desenvolveram para seus trabalhos, podemos discernir padrões e princípios com amplas aplicações, uma vez que se baseiam nas inclinações e nas forças do cérebro humano.

Primeiro, é essencial incluir no processo criativo um período inicial indeterminado e irrestrito. Nele, você se permite sonhar e divagar, começando de modo descontraído e difuso e deixando que o projeto se associe a certas emoções poderosas, que se manifestam naturalmente à medida que você se concentra em suas ideias. É sempre fácil restringir suas ideias em estágio mais avançado, tornando o projeto cada vez mais realista e racional. Porém, se ele já começa com um sentimento de pressão e de limitação, sob o efeito de aspectos restritivos como financiamento, competição e diversidade de opiniões, logo de início se inibem os poderes associativos do cérebro e o trabalho é convertido em algo triste e árido. Segundo, é melhor ter amplo conhecimento de seu campo de atuação e de outros correlatos, dando ao cérebro mais oportunidades de associações e conexões. Para manter a vivacidade do processo, não se contente com a primeira ideia, como se sua visão inicial representasse o ponto-final. É preciso cultivar uma profunda insatisfação com seu trabalho e fomentar a necessidade de melhorar sempre, juntamente com o sentimento de dúvida – você não tem certeza absoluta de para onde ir em seguida, condição que reforça o espírito criativo e o mantém vigoroso. Qualquer resistência ou obstáculo que cruze seu caminho deve ser visto como mais uma chance de melhorar o seu trabalho.

Por fim, deve-se cultivar a lentidão como virtude. Quando se trata de empreendimentos criativos, o tempo é sempre relativo. Não importa que o projeto demore meses ou anos, você sempre se sentirá impaciente e ansioso para chegar ao final. A iniciativa mais importante para desenvolver a capacidade criativa é combater essa impaciência natural. É preciso desfrutar o laborioso processo de pesquisa; apreciar o cozimento em fogo brando da ideia; explorar o crescimento orgânico que naturalmente toma forma com o passar do tempo. Você não deve prolongar artificialmente o processo, o que gera seus próprios problemas (todos precisamos de prazos); no entanto, quanto mais deixar que o projeto absorva suas energias mentais, mais fecundo ele se tornará. Imagine-se alguns anos depois, no futuro, recordando o trabalho realizado. Desse ponto de vista, os meses ou anos adicionais que você dedicou ao processo não parecerão tão dolorosos ou trabalhosos. A sensação de perda de tempo é uma ilusão do presente, que não tardará a desaparecer. O tempo é seu grande aliado.

4. O campo aberto

É provável que o maior obstáculo à criatividade humana seja a decadência natural que se estabelece depois de algum tempo, em qualquer tipo de contexto ou profissão. Tanto nas ciências quanto nos negócios, certa maneira de pensar ou agir bem-sucedida se converte depressa em paradigma, tornando-se um procedimento convencional. Com o passar do tempo, as pessoas se esquecem da razão inicial que determinou a inovação e simplesmente seguem por automatismo um conjunto de técnicas. Nas artes, alguém adota um estilo novo e vibrante, compatível com o espírito da época. Ele se destaca por ser diferente. Os imitadores então brotam por toda parte. Em breve, a novidade vira moda, algo a que se conformar, mesmo que a conformidade tenha ares de rebelião e inconformismo. O fenômeno talvez se prolongue por dez ou vinte anos; mas aos poucos se transforma em clichê, em mais um estilo, sem emoção ou necessidade. Nada na cultura escapa dessa dinâmica enfraquecedora.

Talvez não tenhamos consciência desse fenômeno, mas padecemos das formas e convenções que entorpecem nossa cultura. Esse problema, porém, cria ótimas oportunidades para os tipos criativos. O processo avança da seguinte maneira: você começa olhando para dentro. Descobre em seu interior algo a expressar que se destaca pela singularidade e que reflete suas inclinações. É preciso se certificar de que não se trata de algo detonado por alguma tendência ou modismo, mas que vem de dentro de si mesmo e se manifesta com intensidade. Talvez seja um som que não se ouve na música em geral, ou uma história que ninguém conta ou um gênero literário que não se encaixa nas categorias convencionais. E até pode ser uma nova maneira de fazer negócios. Deixe que a ideia, o som ou a imagem criem raízes em seu interior. Depois que intuir a possibilidade de uma nova linguagem ou de uma nova forma de fazer as coisas, é preciso tomar a decisão consciente de combater as convenções que já estariam mortas e que, portanto, devem ser descartadas. Você não cria sua obra a partir do nada; o trabalho que desenvolve se dá a partir de lacunas na sua área de atuação, ou do que se tornou clichê. Você pega as convenções da sua área e as vira de ponta-cabeça. A adoção dessa estratégia conferirá ao seu trabalho uma espécie de ponto de referência reverso e uma nova maneira de moldá-lo.

Não se deve confundir inovação com espontaneidade sem controle. Nada se torna mais repetitivo e enfadonho tão rápido quanto a expressão sem raízes na realidade e na disciplina. É preciso fortalecer sua nova ideia com todo o conhecimento que você adquiriu em seu campo de atuação, mas com o propósito de reformá-lo. No fundo, o que se está fazendo é criar algum espaço em uma cultura congestionada, reivindicando para si um lugar aberto em que finalmente seja possível plantar algo novo. As pessoas anseiam pelo novo, pelo que expressa o espírito da época de modo original. Ao criar algo inédito, também se cria o próprio público, e alcança-se a posição máxima de poder na cultura.

5. Refinamento intelectual

Em muitos campos de atuação, constatamos e diagnosticamos a mesma doença mental, que denominaremos *prisão técnica* e que significa o seguinte: para aprender uma disciplina ou habilidade, em especial as mais complexas, devemos estudar muitos detalhes, tecnologias e procedimentos que são padrões na solução de problemas. No entanto, se não somos cuidadosos, ficamos presos ao hábito de usar as mesmas técnicas e estratégias que tanto se impregnaram em nossa mente. É sempre mais simples seguir essa trajetória. No processo, perdemos de vista o panorama geral, o propósito do que estamos fazendo, como cada problema que enfrentamos é diferente e exige uma abordagem diferente. Adotamos uma espécie de visão afunilada.

Essa prisão técnica aflige representantes de todos os campos de atuação. Para evitá-la, seu projeto ou problema precisa estar relacionado com algo maior – uma questão de mais relevância, uma ideia mais abrangente, um objetivo inspirador. Sempre que seu trabalho começar a parecer monótono, retorne ao propósito ou ao conceito mais amplo que o motivou em primeiro lugar. Ao se lembrar constantemente de seu propósito, você evitará se fixar em certas técnicas e não se tornará obcecado por detalhes triviais. Desse modo, explorará as forças naturais do cérebro humano, que tendem a buscar conexões em níveis cada vez mais altos.

6. O sequestro evolutivo

Geralmente, temos uma ideia equivocada sobre a capacidade criativa e inventiva da mente humana. Imaginamos que as pessoas criativas primeiro têm um insight interessante que, então, passam a elaborar e a refinar, de maneira mais ou menos linear. A verdade, porém, é muito mais desorganizada e complexa. A criatividade se assemelha a um processo conhecido na natureza como sequestro evolutivo. Na evolução, os acidentes e as contingências desempenham uma função de extrema importância. Por exemplo, as penas evoluíram das escamas dos répteis, com o propósito de manter as aves aquecidas. (As aves evoluíram dos répteis.) Mas, por fim, as penas propiciaram a adaptação ao processo de voar, à medida que novas espécies desenvolviam asas. Para nossos ancestrais primatas, a forma das mãos evoluiu em grande parte em consequência da necessidade de agarrar galhos com rapidez e agilidade. Os primeiros hominídeos, caminhando no solo, passaram a usar as mãos para manipular rochas, fabricar ferramentas e se comunicar. Talvez a linguagem em si, que, de início, se desenvolvera como ferramenta estritamente social, tenha sido sequestrada para se tornar um meio de raciocínio, fazendo com que a própria autoconsciência humana fosse produto do acaso.

A criatividade humana costuma seguir um caminho semelhante, talvez indicando uma espécie de fatalidade orgânica para a criação de algo. As ideias não nos ocorrem a partir do nada. Em vez disso, deparamos com algo por acidente – por exemplo, uma informação entreouvida numa conversa alheia ou num anúncio de rádio. Se formos experientes o bastante e já tiver chegado a hora, o encontro acidental deflagrará em nossa mente algumas associações e ideias interessantes. Ao observar os materiais específicos com que podemos trabalhar, de repente topamos com outra maneira de usá-los. Ao longo de todo o percurso, surgem contingências que revelam diferentes caminhos a serem seguidos, que, se nos parecem promissores, passamos a percorrer, sem saber ao certo para onde levarão. Em vez de um processo em linha reta da concepção à fruição, a criatividade é mais como a copa das árvores, cheia de galhos e ramificações.

A lição é simples: o que constitui a verdadeira criatividade é a abertura e a adaptabilidade do espírito. Quando vemos ou experimentamos algo, é preciso observá-lo de vários ângulos, para ver outras possibilidades além das mais óbvias. Imaginamos que os objetos ao nosso redor podem ser usados e cooptados para vários propósitos. Não devemos nos prender às nossas ideias originais por teimosia, nem porque nosso ego está preso às suas verdades. Em vez disso, precisamos avançar a partir do que nos é apresentado no momento, explorando as diferentes ramificações. Só assim convertemos escamas em penas, que propiciam o voo. Portanto, a diferença não reside em nenhum poder criativo no cérebro, mas em nossa visão de mundo e na fluidez com que somos capazes de reformular o que vemos. Criatividade e adaptabilidade são inseparáveis.

7. Criatividade alquímica e o inconsciente

Nossa cultura depende sob muitos aspectos da criação de padrões e de convenções que todos devemos observar. Essas convenções muitas vezes se expressam em termos de opostos – bom e mau, belo e feio, doloroso e prazeroso, racional e irracional, intelectual e sensual. A crença nesses opostos dá ao mundo um senso de coesão e conforto. Imaginar que algo pode ser intelectual *e* sensual, prazeroso *e* doloroso, real *e* irreal, bom *e* mau, masculino *e* feminino é caótico e perturbador demais para nós. A vida, porém, é mais fluida e complexa, nossos desejos e experiências não se encaixam com perfeição nessas categorias ordeiras.

As pessoas que pensam em dualidades – acreditando que existem coisas "reais" e "irreais", como entidades distintas, que nunca podem se combinar em algo diferente, em elemento alquímico – são pouco criativas e produzem obras previsíveis e efêmeras. Quando adotamos uma abordagem dualista na vida, reprimimos muitas verdades observáveis, mas, no inconsciente e nos sonhos, superamos a necessidade de criar categorias para tudo e conseguimos com facilidade mesclar ideias e sentimentos aparentemente díspares e contraditórios.

Sua tarefa como pensador criativo é não só explorar ativamente o inconsciente e as contradições de sua personalidade, mas também examinar paradoxos semelhantes no mundo. Expressar essas tensões em seu trabalho, não importa o meio, exercerá um poderoso impacto sobre os outros, levando-os a perceber verdades e sensações inconscientes, que foram abafadas ou reprimidas. Na sociedade em geral, você combate as várias contradições esmagadoras – por exemplo, a maneira como a cultura que defende o ideal de livre expressão está abarrotada de códigos opressivos do politicamente correto que embotam a livre expressão. Em ciências, você desenvolve ideias que se opõem ao paradigma existente ou que parecem inexplicáveis por serem tão heterodoxas. Tudo isso contém um rico manancial de informações sobre a realidade, que é mais fértil e mais complexa do que se percebe de imediato. Ao explorar a zona caótica e fluida, abaixo da consciência, onde os opostos se encontram, você ficará surpreso com as ideias vibrantes e frutíferas que emergirão.

VI

Combine o intuitivo com o racional: Maestria

Todos nós temos acesso a uma forma superior de inteligência, algo que nos possibilita ver mais do mundo, antecipar tendências e reagir com rapidez e exatidão a qualquer circunstância. Nós a cultivamos quando mergulhamos profundamente em um campo de estudo e quando permanecemos fiéis a nossas inclinações, por mais heterodoxas que possam parecer aos outros. Por meio dessa imersão intensa, ao longo de muitos anos, passamos a internalizar e a desenvolver uma sensibilidade intuitiva em relação aos componentes complexos de nossa área de atuação.

A TERCEIRA TRANSFORMAÇÃO

Para o escritor Marcel Proust (1871-1922), seu destino parecia ter sido definido muito cedo. Ele nasceu incrivelmente pequeno e frágil; durante duas semanas esteve à beira da morte, mas, finalmente, vingou. Quando criança, tinha doenças frequentes, que o mantinham em casa por meses. Aos 9 anos, sofreu o primeiro ataque de asma e quase faleceu. A mãe, Jeanne, preocupada o tempo todo com a saúde do filho, enchia-o de cuidados e acompanhava-o nas idas regulares ao campo, para se recuperar.

Foi numa dessas viagens que se definiu o padrão de sua vida. Como passava muito tempo sozinho, apaixonou-se pela leitura. Adorava ler sobre história e devorava todas as formas de literatura. Sua válvula de escape eram longas caminhadas pelo campo, durante as quais certas paisagens pareciam cativá-lo. Ele parava e admirava durante horas a fio as macieiras, os espinheiros floridos ou qualquer espécie de planta exótica. Achava fascinante o espetáculo de formigas em marcha ou de aranhas nas teias. Em breve, acrescentaria livros de botânica ou entomologia à sua lista de leitura. Sua companhia mais próxima naqueles primeiros anos foi a mãe, cujos laços com o filho superavam todos os limites. Além das semelhanças físicas, compartilhavam interesses parecidos nas artes. Ele não conseguia ficar longe dela mais que um dia, e, nas poucas horas em que estavam separados, escrevia-lhe longas cartas.

Em 1886, leu um livro que mudaria o curso de sua vida para sempre. Foi o relato histórico da conquista da Inglaterra pela Normandia, de Augustin Thierry. A narrativa dos eventos era tão vívida que Marcel se sentia transportado no tempo. O escritor aludia a certas leis atemporais da natureza humana que se revelavam ao longo da história, e a possibilidade de descobrir essas leis deixava Marcel tonto de tanta empolgação. Os entomologistas eram capazes de descobrir os princípios ocultos que regiam o comportamento dos insetos. Poderia um escritor fazer o mesmo em relação aos seres humanos e à sua natureza complexa? Cativado pela capacidade de Thierry de dar vida à história, Marcel teve o lampejo de que essa seria sua Missão de Vida – tornar-se escritor e esclarecer as leis da natureza.

Na escola em Paris, cidade onde morava, Marcel impressionava os colegas com suas excentricidades. Já lera tanto que sua cabeça fermentava de ideias; falava sobre história, sobre literatura romana antiga e sobre a vida social das abelhas, tudo na mesma conversa. Apesar da propensão para ficar sozinho, era muito sociável e cativante. Sabia lisonjear e conquistar as pessoas. Ninguém era capaz de decifrá-lo nem ter ideia do que o futuro reservava para ele.

Em 1888, Marcel conheceu uma cortesã de 37 anos, Laure Hayman, uma entre as muitas amantes de seu tio, e, para ele, foi um caso de paixão instantânea. Ela era como uma personagem de romance. Suas roupas, suas maneiras coquetes e o poder que exercia sobre os homens o fascinavam. Encantando-a com sua conversa inteligente e suas boas maneiras, logo se tornaram amigos íntimos. Na França, havia muito, era forte a tradição dos salões – reuniões onde pessoas com mentalidade semelhante discutiam ideias literárias e filosóficas. Laure tinha seu próprio salão, que contava com a frequência assídua de artistas, boêmios, atores e atrizes. Em breve, Marcel se tornaria frequentador assíduo.

Ele considerava a vida social nesses escalões superiores da sociedade francesa infinitamente fascinante. Era um mundo cheio de sinais sutis – o convite de alguém para um baile ou a disposição dos convidados na mesa de jantar indicava a situação da pessoa na sociedade, se estava em ascensão ou queda. A atenção que ele dedicava à história e à literatura agora se voltava também para o mundo da alta sociedade. Assim, desbravou o caminho para outros salões e, em pouco tempo, se misturava com a aristocracia.

Embora estivesse decidido a se tornar escritor, Marcel nunca conseguira definir sobre o que queria escrever, e isso o incomodava muito. Agora, porém, ele tinha a resposta: esse mundo social seria a colônia de formigas que ele analisaria de maneira tão implacável quanto um entomologista. Para isso, começou a reunir personagens para romances. Estudou esses personagens, ouviu atentamente sua maneira de falar, seguiu seus maneirismos e, em suas anotações, tentava dar-lhes vida em pequenos esquetes literários. Em suas obras, Marcel foi um grande mímico.

O pai de Marcel, médico de prestígio, começou a se desesperar com o filho. Marcel ia a festas todas as noites, voltava de madrugada e dormia o dia inteiro. Para se encaixar na alta sociedade, gastava muito dinheiro. Parecia não ter disciplina nem aspirações profissionais. Com os problemas de saúde e com a mãe sempre a mimá-lo, o pai receava que Marcel se tornasse um fracasso e um ônus constante, e tentou empurrá-lo para uma carreira. Marcel acalmava-o da melhor maneira possível. Na verdade, porém, estava apostando tudo na publicação de seu primeiro livro, *Os prazeres e os dias*. Seria uma coletânea de histórias e de esquetes da sociedade em que se infiltrara. Com o sucesso de seu livro, superaria a resistência do pai e de todos os outros céticos. Para garantir seu êxito e transformá-lo em algo mais que um livro, *Os prazeres e os dias* exporia os belos desenhos de uma dama da alta sociedade com quem fizera amizade, e seria impresso em papel da mais alta qualidade.

Depois de numerosos atrasos, o livro finalmente foi publicado em 1896. Mas vendeu muito pouco. Considerando os custos de impressão, foi um enorme fiasco financeiro, e a imagem pública de Marcel Proust se consolidou para sempre – era um dândi, um esnobe que escrevia sobre o único mundo que conhecia, um jovem que carecia de senso prático.

Começou a ficar cada vez mais deprimido e desanimado. Estava cansado dos salões e da convivência com os ricos. Não tinha uma carreira e ainda morava na casa dos pais, de cujo dinheiro dependia para sobreviver. Sentia-se o tempo todo ansioso com a saúde, certo de que morreria em poucos anos. Escutava inúmeras histórias de colegas da escola, que agora eram membros destacados da sociedade, chefes de família. Em comparação, ele se via como um fracasso total. Tudo o que realizara até então fora escrever uns poucos artigos para jornais sobre a alta sociedade e um livro que o tornara motivo de chacota em Paris. Só lhe restava confiar na devoção contínua da mãe.

Em meio a todo aquele desespero, teve uma ideia. Durante vários anos, devorara os trabalhos do crítico de arte e pensador inglês John Ruskin. O plano dele era aprender inglês e traduzir as obras de Ruskin para o francês. Também ocuparia boa parte de seu tempo, o que o forçaria a adiar qualquer ideia de escrever um romance. Mas mostraria aos pais que suas intenções de prover o próprio sustento eram sérias e que já havia escolhido uma carreira. Agarrando-se a esse plano como sua última esperança, dedicou-se à tarefa com toda a sua energia.

Depois de vários anos de trabalho intenso, algumas de suas traduções de Ruskin foram publicadas com muita aclamação. As introduções e os ensaios que acompanhavam as traduções finalmente se sobrepuseram à reputação de diletante ocioso que o assombrava desde a publicação de *Os prazeres e os dias*. Passou a ser visto como intelectual sério. Nesse trabalho, cultivara o próprio estilo de escrever; internalizando a obra de Ruskin, agora escrevia ensaios profundos e exatos. Desenvolvera, enfim, alguma disciplina, algo a ser cultivado e apurado. Em meio a esse sucesso modesto, porém, sua rede de apoio emocional foi abalada. Em 1903, o pai morreu. Dois anos depois, a mãe, incapaz de superar a perda, também faleceu. Mãe e filho até então nunca tinham se separado, e ele, desde a infância, imaginara com pavor o momento da morte da mãe. Agora, se sentia completamente sozinho, e temia que já não tivesse motivo para viver.

Nos meses seguintes, aos poucos se afastou da sociedade e, ao avaliar sua vida até aquele ponto, discerniu um padrão que efetivamente lhe ofereceu um fio de esperança. Para compensar sua debilidade física, dedicara-se à leitura, e, no processo, descobrira sua Missão de Vida. Ao longo dos últimos vinte anos, acumulara vasto conhecimento sobre a sociedade francesa – uma variedade ampla de personagens da vida real, de todos os tipos e classes, vivia em sua mente. Escrevera milhares de páginas. Adotando Ruskin como mentor, ao traduzir suas obras desenvolvera disciplina e alguma organização. Havia muito, pensava na vida como um processo de aprendizagem, em que todos nós nos instruímos lentamente sobre os caminhos do mundo. Ele se submetera a uma longa aprendizagem de vinte anos, sobre literatura e natureza humana, que o transformara de forma profunda. Apesar dos problemas de saúde e dos fracassos, nunca desistira. Tanta experiência e persistência devia significar alguma coisa – talvez algum tipo de destino. Todos os seus fracassos teriam um propósito, concluiu, se soubesse explorá-los. Seu tempo não havia sido desperdiçado.

O que ele precisava fazer era pôr todo o seu conhecimento para trabalhar. Isso significava retornar ao romance que vinha tentando escrever havia anos. Ainda não sabia de que iria tratar, mas o material estava todo lá, na cabeça dele. O que importava era pôr mãos à obra. Alguma coisa resultaria daquele esforço.

No outono de 1908, comprou vários cadernos, do tipo que usava na escola, e começou a enchê-los de anotações. Escreveu ensaios sobre estética, esquetes de personagens, memórias da infância. Ao mergulhar fundo no processo, sentiu uma mudança interior. Ele não sabia de onde vinha, mas uma voz emergiu, sua própria voz, que seria a do próprio narrador. A história giraria em torno de um jovem que se liga neuroticamente à mãe e não consegue forjar a própria identidade. Descobre que quer ser escritor, mas não sabe dizer sobre o que pretende escrever. Com os anos, passa a analisar os âmbitos sociais da boemia urbana e da aristocracia rural. Disseca as várias pessoas que conhece, revelando a essência de seu caráter, que jaz abaixo de suas personalidades sociais levianas. Vive vários casos de amor fracassados, em que sofre os extremos do ciúme. Depois de várias aventuras e do senso furtivo de fracasso, à medida que avança na vida, já no fim do romance, descobre sobre o que quer escrever – será o livro que o leitor acabou de ler.

O romance seria intitulado *Em busca do tempo perdido*, que, afinal, conta boa parte da própria vida de Proust, com muitos dos vários personagens que conheceu, disfarçados sob pseudônimos. Ao longo da narração, cobre toda a história da França, do momento em que nasceu até o presente. É um retrato da sociedade como um todo; o autor é o entomologista que revela as leis que governam o comportamento de todos os habitantes do formigueiro. Sua única preocupação agora é a saúde. A tarefa que tem pela frente é imensa. Viveria o suficiente para completá-la?

Depois de vários anos, terminou o primeiro volume da obra, conhecido como *No caminho de Swann*. Publicado em 1913, as resenhas foram extremamente positivas. Ninguém jamais havia lido um romance como aquele. Parecia que Proust criara seu próprio gênero – parte romance, parte ensaio. Mas, quando estava planejando a parte final do livro, a guerra irrompeu em toda a Europa e o negócio de publicação de livros foi paralisado. Proust continuava a trabalhar no romance sem descanso; ao fazê-lo, porém, algo estranho acontecia – o livro continuava aumentando de tamanho e escopo, um volume atrás do outro. Seu método de trabalho era em parte responsável por aquela expansão. Colecionara ao longo dos anos milhares de fragmentos de histórias, de personagens, de lições sobre a vida e de leis de psicologia, que, aos poucos, reunia no romance como os fragmentos de um mosaico. Não conseguia antever o fim.

E, ao aumentar de tamanho, o livro de repente assumiu uma forma diferente – a realidade e a ficção se entrelaçaram. Parecia que aquele contexto social fictício ganhava vida dentro dele, e, sentindo-a no âmago, a história fluía com facilidade cada vez maior. Para explicar a sensação, recorria a uma metáfora, que incluiu no romance – ele era como uma aranha na teia, onde sentia a mais leve vibração, conhecendo-a tão bem quanto o mundo que criara e dominara.

Depois da guerra, o livro de Proust continuou a ser publicado, um volume depois do outro. Os críticos se mostraram perplexos com a profundidade e a amplitude da obra. Ele havia criado, ou melhor, recriado, todo um mundo. Mas não se tratava apenas de um romance realista, pois boa parte do trabalho incluía discursos sobre arte, psicologia, os segredos da memória e a atuação do cérebro em si. Proust sondara tão profundamente sua própria psicologia que fizera descobertas a respeito da memória e do inconsciente que pareciam bastante exatas. Transpondo volume após volume, os leitores tinham a sensação de que, na verdade, estavam vivenciando e experimentando esse mundo por dentro, e as reflexões do narrador se convertiam em seus próprios pensamentos – as fronteiras entre o narrador e o leitor se dissipando. Era um efeito mágico; parecia a vida em si.

Esforçando-se para terminar o volume final, o ponto em que o narrador enfim seria capaz de escrever o romance que estávamos lendo, Proust tinha pressa. Sentia a energia se extinguindo e a morte se aproximando. Durante todo o processo de edição, fazia os editores pararem a impressão no momento em que sentia que algum novo incidente que presenciara devia ser incluído no livro.

Agora, sentindo que o fim era iminente, pediu que sua assistente tomasse algumas notas. Enfim compreendera a percepção da morte, e precisou reescrever uma cena anterior, que envolvia um moribundo. O que escrevera antes não correspondia à realidade psicológica. Morreu dois dias depois, jamais chegando a ver os sete volumes impressos.

Caminhos para a maestria

Ao longo da história, lemos sobre Mestres em todas as manifestações concebíveis do empreendimento humano, descrevendo a sensação de se verem, de repente, investidos da mais elevada capacidade intelectual, depois de anos de imersão na respectiva área de atuação.

Em todos esses casos, praticantes de várias habilidades descreveram a sensação de *ver mais*. De repente, foram capazes de apreender toda uma situação por meio de uma imagem, de uma ideia ou de uma combinação de imagens e ideias. Todos se deram conta dessa capacidade como uma *intuição* ou *sensibilidade*.

Considerando o poder que essa inteligência é capaz de nos proporcionar e as enormes contribuições dos Mestres que a possuem para a cultura, seria lógico que a intuição de alto nível fosse objeto de inúmeros livros e debates, e que a forma de pensamento capaz de induzi-la fosse elevada à categoria de ideal por todos nós que a almejamos. No entanto, por mais estranho que pareça, esse não é o caso. Essa forma de inteligência é ignorada, relegada aos contextos inexplicáveis do misticismo e do ocultismo, ou atribuída à genialidade inata ou à genética.

A explicação para esse desprezo generalizado é simples: nós reconhecemos uma única forma de pensamento e de inteligência – a racionalidade. O pensamento racional é sequencial por natureza. Vemos o fenômeno A, deduzimos a causa B e, talvez, antecipamos a reação C. Em todos os casos de pensamento racional, reconstruímos os vários passos para chegar a alguma conclusão ou resposta. Essa forma de pensamento é extremamente eficaz e nos conferiu grandes poderes. Em geral, o processo que se adota quando se chega a uma resposta por meio da análise racional pode ser examinado e verificado, razão pela qual o temos em tão alta conta. Preferimos o que pode ser reduzido a fórmulas e descrito com exatidão. Mas as intuições que acometem os vários Mestres já mencionados não se reduzem a fórmulas, e o que fizeram para possibilitá-las não pode ser reconstruído. E como, para nós, a racionalidade é o único modo legítimo de inteligência, essas experiências de "ver mais" devem ser formas de pensamento racional que apenas acontecem com mais rapidez, ou são simplesmente miraculosas por natureza.

O problema que enfrentamos aqui é que a intuição de alto nível, a manifestação mais elevada da maestria, envolve um processo qualitativamente diferente da racionalidade. E, ao compreender seu funcionamento, concluímos que não se trata de um atributo sobrenatural, mas de algo intrinsecamente humano e acessível a todos.

Quando estudamos algo como a guerra, geralmente a dividimos em partes – manobras de campo, armamentos, logística, estratégia. Depois de conhecermos em profundidade esses temas, poderíamos analisar os resultados de uma batalha e chegar a conclusões interessantes. No entanto, há um elemento da guerra que não pode ser analisado dessa forma – o aspecto altamente imprevisível que entra em ação quando duas forças opostas se enfrentam e nada pode ser antecipado com exatidão. A situação é sempre fluida na medida em que um lado reage ao outro e o inesperado intervém. Essa batalha em tempo real tem um elemento cambiante e interativo que não pode ser reduzido às partes componentes nem a análises simples, e também não é visível ou mensurável. O mesmo raciocínio se aplica a um animal ou a qualquer ser orgânico.

Esse elemento invisível pode ter várias denominações. Para os chineses antigos, que o compreendiam muito bem, era conhecido como Tao ou Caminho, e esse Caminho habita tudo no mundo e é inerente às relações entre as coisas. O Caminho é visível para o expert – na culinária, na carpintaria, na guerra ou na filosofia. Nós o chamaremos de *dinâmica*, a força viva que inevitavelmente atua em tudo o que estudamos ou fazemos. É como toda a coisa funciona e como as relações evoluem a partir do âmago. Não é a movimentação das peças no tabuleiro de xadrez, mas todo o jogo, envolvendo a psicologia dos jogadores, suas estratégias em tempo real, suas experiências passadas que influenciam o presente, o conforto das cadeiras em que estão sentados, a maneira como as energias deles os afetam mutuamente – em suma, tudo o que intervém, de repente e ao mesmo tempo.

Por meio da intensa imersão em determinado campo de atuação durante um longo período, os Mestres passam a compreender todas as partes envolvidas no que estão estudando. Chegam a um ponto em que tudo isso se internaliza e no qual deixam de ver as partes, desenvolvendo uma *sensibilidade intuitiva em relação ao todo*. Eles literalmente veem ou sentem a dinâmica.

A capacidade de desenvolver essa apreensão intuitiva do todo e de sentir essa dinâmica interativa é simplesmente função do tempo. Já se tendo demonstrado que o cérebro se transforma depois de cerca de 10 mil horas de prática, esses poderes seriam o resultado da transformação que acontece no cérebro depois de umas 20 mil horas ou mais de treinamento. Com tanta prática e experiência, todos os tipos de conexão entre diferentes conhecimentos se desenvolvem no cérebro. Portanto, os Mestres apuram o senso de como tudo interage organicamente e conseguem intuir em instantes padrões e soluções. Essa forma de pensamento fluida não ocorre por meio de processos; ela se manifesta por meio de lampejos e vislumbres, ou insights, quando o cérebro estabelece conexões súbitas entre diferentes conhecimentos, levando-nos a sentir a *dinâmica* em tempo real.

Seria um equívoco, porém, imaginar que os Mestres estão apenas seguindo suas intuições e indo além do pensamento racional. Primeiro, foi por meio de todo o trabalho árduo, da profundidade de seu conhecimento e do desenvolvimento da capacidade analítica que alcançaram esse alto nível de inteligência. Segundo, quando experimentam a intuição ou o insight, eles sempre submetem a epifania a um alto grau de reflexão e de raciocínio. Em ciências, passam meses ou anos confirmando suas intuições. Nas artes, precisam elaborar as ideias que lhes ocorrem por intuição e lhes dar forma pelo raciocínio. Para nós, é difícil imaginar essa interação, pois consideramos intuição e racionalidade processos mutuamente exclusivos, embora, de fato, nesse patamar operem juntos, de maneira integrada. O raciocínio dos Mestres é orientado pela intuição, que, por seu turno, decorre da intensidade do foco racional. Os dois componentes se fundem.

Embora o tempo seja um fator crucial no desenvolvimento da maestria e da sensibilidade intuitiva, essa variável não é neutra nem simplesmente quantitativa. Uma hora do pensamento de Einstein aos 16 anos não equivale a uma hora de um aluno comum do ensino médio dedicada à solução de um problema de física. Não basta estudar um assunto durante vinte anos e, então, destacar-se como Mestre. O tempo que conduz à maestria depende da intensidade do foco.

Assim, a chave para atingir esse nível de inteligência superior é garantir a fecundidade *qualitativa* dos anos de estudo. Não nos limitamos a absorver informações – nós as internalizamos e as personalizamos, descobrindo modos de aplicar na prática esse conhecimento. Procuramos conexões entre os vários elementos que estamos aprendendo, leis ocultas que percebemos na fase de aprendizagem. Se enfrentamos fracassos ou retrocessos, não os esquecemos com rapidez, pois eles afetam nossa autoestima. Em vez disso, refletimos sobre eles em profundidade para descobrir o que deu errado e verificar a formação de padrões em nossos erros. À medida que progredimos, começamos a questionar algumas das premissas e convenções que aprendemos no percurso. Em breve, começamos a experimentar e ficamos cada vez mais ativos. Em todos os pontos e nos vários momentos que levam à maestria, atacamos o estudo com intensidade. Todas as situações e todas as experiências carregam lições profundas. Estamos sempre atentos, jamais nos deixando levar pela corrente.

O que tornou os vinte anos de aprendizado de Marcel Proust qualitativamente diferentes dos de uma pessoa comum foi a intensidade da atenção. Proust não se limitava a ler livros – ele os analisava e aprendia lições valiosas, que aplicava à própria vida. Não se restringia a frequentar as altas rodas sociais – esforçava-se para compreender as pessoas e para descobrir suas motivações secretas. Não se satisfazia em traduzir Ruskin, mas empenhava-se em habitar a mente do próprio autor. No final das contas, usou a morte da própria mãe para intensificar seu desenvolvimento. Com a partida dela, teria que superar a depressão por meio de suas obras, e também precisaria encontrar uma maneira de recriar o sentimento entre eles nos livros que estava escrevendo. Como veio a narrá-las, todas essas experiências eram como sementes. Uma vez tendo iniciado seu romance, passara a atuar como jardineiro, cultivando e cuidando das plantas que haviam lançado raízes tantos anos antes.

Como Proust, você também deve preservar o senso de destino e se sentir o tempo todo conectado a ele. Você é único, e sua singularidade tem um propósito. É preciso encarar todo retrocesso, fracasso ou dificuldade como provações ao longo do caminho, como sementes plantadas para a colheita futura. Nenhum momento é desperdiçado se você presta atenção nas lições contidas em cada experiência. Ao manter a ligação com sua Missão de Vida, você inconscientemente topará com as escolhas certas. Com o passar do tempo, a maestria chegará.

A *intuição de alto nível* é, basicamente, induzida pela memória. Quando recebemos informações de qualquer espécie, nós as armazenamos em redes mnemônicas no cérebro. A estabilidade e a durabilidade dessas redes dependem da repetição, da intensidade da experiência e da profundidade de nossa atenção. Se assistirmos com pouca atenção a uma aula de língua estrangeira, dificilmente reteremos os ensinamentos em qualquer nível que seja. Porém, se estivermos no país onde a língua é falada, ouviremos as mesmas palavras e construções reiteradamente no contexto; tenderemos a prestar mais atenção inclusive por necessidade, e os registros na memória serão muito mais estáveis.

As pessoas que passam anos estudando determinado assunto ou campo de atuação desenvolvem tantas dessas redes ou caminhos mnemônicos que o cérebro se encontra constantemente em estado de busca e de descoberta de novas conexões entre várias informações. Quando se defrontam com algum problema complexo, a busca toma várias direções, abaixo do nível de consciência, norteada pelo senso intuitivo de onde talvez encontrem a resposta. Com a ativação de todas as espécies de rede mais ou menos correlatas, ideias e soluções de súbito vêm à superfície. As que parecem mais adequadas e profícuas ficam na memória e suscitam ações. Em vez de precisar raciocinar à procura da resposta, mediante um processo gradual, as soluções afloram com um sentimento de imediatismo e urgência. O número extremamente elevado de experiências e de redes mnemônicas que fica gravado na mente permite que o cérebro dos Mestres explore uma área tão ampla que tem as dimensões e a sensibilidade da realidade em si, da *dinâmica*.

Essa intuição de alto nível, como qualquer habilidade, exige prática e experiência. De início, nossas intuições podem ser tão tênues que nem mesmo prestamos atenção ou confiamos nelas. Todos os Mestres se referem a esse fenômeno. Mas, com o passar do tempo, aprendem a atentar para essas ideias rápidas que lhes ocorrem. E passam a agir com base nelas e a verificar sua validade. Algumas não levam a lugar nenhum, mas outras oferecem insights notáveis. Com o passar do tempo, os Mestres descobrem que podem explorar cada vez mais essas intuições de alto nível, que agora cintilam por todo o cérebro. Ao acessarem com mais regularidade esse nível de pensamento, conseguem fundi-lo ainda mais profundamente com as formas de pensamento racionais.

Entenda que, no mundo de hoje, a necessidade de explorar esse alto nível de inteligência é mais importante que em qualquer outra época. Todas as carreiras profissionais são difíceis e exigem o cultivo de muita paciência e disciplina. São tantos elementos a dominar que o processo pode parecer ameaçador. Precisamos aprender a dominar os aspectos técnicos, a participar do jogo social e político, a lidar com as reações do público ao nosso trabalho, a interpretar o contexto em constante mudança de nosso campo de atuação. Quando adicionamos a esse volume de estudo já assustador a vasta quantidade de informações agora disponível, a ser mantida sempre atualizada, tudo parece estar além de nossa capacidade.

Cada vez mais pessoas nesse ambiente superaquecido optarão pela mentalidade convencional; cairão na armadilha das fórmulas sedutoras, que oferecem conhecimento rápido e fácil. Perderão o gosto pelo desenvolvimento de habilidades que exigem tempo e resiliência. Esses indivíduos se queixarão do mundo e culparão os outros por seus problemas; encontrarão justificativas políticas para desistir, quando, na verdade, simplesmente não conseguem enfrentar o desafio de se envolver com assuntos complexos. Ao tentar simplificar a vida mental, desconectam-se da realidade e neutralizam todos os poderes desenvolvidos pelo cérebro humano ao longo de milhões de anos.

Esse anseio pelo simples e fácil contamina todos nós, na maior parte das vezes de forma inconsciente. A única solução é a seguinte: precisamos aprender a mitigar nossa ansiedade ao nos defrontarmos com qualquer coisa que pareça complexa ou caótica. Em nosso avanço da aprendizagem para a maestria, devemos absorver com paciência os vários componentes e habilidades indispensáveis, nunca olhando muito à frente. Em momentos de crise, precisamos cultivar o hábito de manter a calma. Se a situação for complexa e houver quem esteja procurando respostas simples ou as soluções convencionais de sempre, devemos resistir à tentação. Mantemos nossa Capacidade Negativa e certo grau de distanciamento. O que estamos fazendo é desenvolver a tolerância e até o gosto por momentos caóticos, nos treinando para desenvolver várias possibilidades ou soluções. Estamos aprendendo a gerenciar nossa ansiedade, habilidade-chave em épocas turbulentas.

Para cultivar esse autocontrole, precisamos fazer o possível para desenvolver maior capacidade de memória – uma das qualificações mais importantes no atual contexto de valorização da tecnologia. O problema que nos é imposto pela tecnologia é que aumenta a quantidade de informações à nossa disposição, mas ao mesmo tempo degrada a capacidade de retenção da memória. Os exercícios a que recorríamos para exercitar o cérebro – memorizar números de telefone, fazer cálculos simples, circular pela cidade e registrar itinerários – cada vez mais ficam por conta da tecnologia, e, como qualquer órgão, o cérebro tende a se tornar atrofiado com a falta de uso. Para nos contrapor a essa tendência, não devemos procurar apenas entretenimento e diversão nas horas vagas. Também é importante se dedicar a hobbies – jogos, instrumentos musicais, língua estrangeira – que nos deem prazer mas que também nos ofereçam a chance de fortalecer a memória e de flexibilizar o cérebro. Ao agir assim, podemos nos preparar para processar uma grande quantidade de informações sem nos sentirmos ansiosos ou sobrecarregados.

Persistindo nesse curso de ação por tempo suficiente, acabaremos recompensados com poderes intuitivos. O monstro animado, pulsante e mutante que é nosso campo de atuação será internalizado e se tornará parte integrante de nosso próprio ser. O desenvolvimento de apenas uma fração desse poder nos distinguirá instantaneamente de todas as outras pessoas que se sentem sobrecarregadas e estressadas pelo esforço de simplificar o que é complexo. Seremos capazes de reagir com mais rapidez e eficácia que os demais. O que nos parecia caótico antes agora será apenas uma situação fluida, com uma dinâmica específica, que devemos sentir e que podemos manejar com relativa facilidade.

O retorno à realidade

Podemos identificar, em certos pontos de ruptura, um único ancestral do qual nós, humanos, evoluímos (primeiras células, animais simples, mamíferos, depois primatas). Uma vez que todas as formas de vida descendem dessa origem comum, todas estão interconectadas de alguma maneira, e nós estamos estreitamente envolvidos nessa rede. Isso é inegável.

Denominemos *realidade derradeira* essa interconexão da vida. E, em relação a essa realidade, a mente humana tende a seguir uma de duas direções. De um lado, a mente se afasta dessa interconexão e se concentra nas distinções entre as coisas, segregando os objetos de seus contextos e os analisando como entidades separadas. No outro extremo, essa tendência leva a formas altamente especializadas de conhecimento.

Em contrapartida, há a tendência oposta do cérebro de fazer conexões entre tudo. Essa propensão é comum entre indivíduos que levam tão longe a busca do conhecimento que essas associações surgem como consequência inevitável. Embora essa condição seja comum nos Mestres, veem-se na história certos movimentos e filosofias em que esse retorno à realidade se difunde na cultura, parte do zeitgeist. Talvez o melhor exemplo dessa interação seja o Renascimento, movimento cultural cujo ideal foi o Homem Universal – alguém que tenha conseguido conectar todos os ramos do conhecimento e se aproximar da capacidade intelectual do Criador.

Pode ser que hoje estejamos presenciando os primeiros sinais de retorno à realidade, de um Renascimento com feições modernas. Nas ciências, as primeiras sementes desse fenômeno começaram com Faraday, Maxwell e Einstein, que focaram as relações entre os fenômenos, campos de força em vez de partículas. No sentido mais amplo, muitos cientistas estão hoje empenhados ativamente em conectar suas várias especialidades com outras – por exemplo, como a neurociência se interliga a tantas outras disciplinas. Vemos sinais disso inclusive no interesse crescente pelas teorias da complexidade aplicadas a campos de atuação díspares, como economia, biologia e computação. Também o percebemos na ampliação de nosso raciocínio para ecossistemas, como maneira de realmente conceituar as interações dinâmicas na natureza. E ainda o constatamos na esfera da saúde e medicina, na abordagem sensata que vem sendo adotada por muitos estudiosos de considerar o corpo como um todo. Essa tendência é o futuro, pois o propósito da consciência em si sempre foi nos conectar à realidade.

Como indivíduos, podemos participar dessa tendência simplesmente buscando a maestria. Na fase de aprendizagem, começamos conhecendo as partes e estabelecendo distinções – a forma certa e errada de proceder, as habilidades individuais a serem dominadas e suas técnicas específicas, as várias regras e convenções que governam o grupo. Na fase criativa-ativa, passamos a combinar essas distinções quando experimentamos, moldamos e alteramos as convenções para adequá-las a nossos propósitos. E, na maestria, completamos o círculo, retornando ao senso do todo. Intuímos e vemos as conexões; abraçamos a complexidade natural da vida; expandimos o cérebro para as dimensões da realidade, em vez de retraí-lo para as especializações mais estreitas. Esse é o resultado inevitável da imersão profunda em um campo. Podemos afirmar que a inteligência é o movimento na direção de um pensamento mais contextual, mais sensível às relações entre as partes.

Pense da seguinte maneira: a maior distinção que se estabelece é entre o eu e o mundo. Há o interior (sua experiência subjetiva) e o exterior. Mas sempre que se aprende algo o cérebro se transforma, na medida em que se fazem novas conexões. A experiência pessoal de algo que ocorre no mundo altera fisiologicamente o cérebro. As fronteiras entre a pessoa e o mundo são muito mais fluidas do que se imagina. Quando se avança para a maestria, o cérebro passa por transformações radicais ao longo dos anos de prática e de experimentação ativa. Não mais se trata do ecossistema simples de anos atrás. O cérebro do Mestre envolve interconexões tão profundas que chega a parecer o mundo físico, convertendo-se em um ecossistema vibrante no qual todas as formas de pensamento se associam e se interligam. Essa semelhança crescente entre o cérebro e a vida em si, com toda a sua complexidade, é o auge do retorno à realidade.

Estratégias para atingir a maestria

A mente intuitiva é um dom sagrado e a mente racional é um servo fiel. Criamos uma sociedade que homenageia o servo e despreza o dom.

– ALBERT EINSTEIN

A maestria não é uma função da genialidade nem do talento. É uma função do tempo e do foco intenso, aplicados a determinado campo de atuação ou a certa área de conhecimento. Mas os Mestres também desenvolvem outro elemento, um fator X, que parece místico, mas é acessível a todos. Qualquer que seja o campo de atuação, há, em geral, um caminho consagrado para o topo. É um roteiro que outras pessoas percorreram, e, como somos criaturas conformistas, a maioria opta por essa trajetória convencional. Mas os Mestres dispõem de um poderoso sistema de orientação interior e de um alto nível de autoconsciência. O que serviu a outros no passado nem sempre lhes é adequado, e eles sabem que tentar se encaixar em moldes convencionais apenas os deixaria desmotivados, cada vez mais distantes da realidade que buscam.

Assim, inevitavelmente esses Mestres, à medida que progridem na carreira, fazem uma escolha em um momento decisivo da vida: resolvem traçar o próprio percurso, trajetória que outros talvez considerem heterodoxa, mas que é compatível com seu próprio espírito e ritmo, e que os aproxima da descoberta das verdades ocultas de seus objetos de estudo. Essa escolha decisiva exige autoconfiança e autoconsciência – o fator X indispensável para alcançar a maestria. A seguir, alguns exemplos desse fator X em ação e das escolhas estratégicas dele decorrentes. O propósito desses casos é mostrar a importância dessa qualidade e como podemos adaptá-la às nossas circunstâncias.

1. Conecte-se com o ambiente – Poderes primitivos

Note que a capacidade de se conectar profundamente com o ambiente é a forma mais primitiva e, sob muitos aspectos, mais poderosa de maestria. Ela se aplica com a mesma eficácia às savanas africanas e a qualquer campo de atuação ou a qualquer organização burocrática da atualidade. Conquistamos esse poder primeiro e acima de tudo nos transformando em observadores. É preciso ver tudo ao nosso redor como um sinal potencial a ser decifrado. Nada deve ser interpretado pela aparência. Há as pessoas com quem trabalhamos e interagimos – tudo o que fazem e dizem revelam algo oculto abaixo da superfície. Podemos observar nossas interações com o público, como reagem ao nosso trabalho, como suas preferências se encontram em fluxo constante. Também podemos mergulhar em todos os aspectos de nossa área, prestando muita atenção, por exemplo, nos fatores econômicos que desempenham papel tão importante. E, assim, passamos a agir como a aranha proustiana, sentindo as mais leves vibrações em nossa teia. Ao longo dos anos, à medida que avançamos nesse caminho, começamos a combinar nosso conhecimento desses vários componentes em uma sensibilidade aguçada e abrangente em relação ao contexto em si. Em vez de nos sobrecarregarmos para acompanhar um ambiente complexo e mutável, nós o conhecemos por dentro e somos capazes de sentir as mudanças antes que aconteçam.

Para os nossos povos ancestrais, não havia nada de heterodoxo nesse modo de desenvolver a maestria. Mas, para nós, em nossa era de tecnologias avançadas, essa maestria envolve uma escolha não convencional. Para nos tornarmos observadores sensíveis e astutos, não podemos sucumbir a todas as distrações oferecidas pela tecnologia; precisamos ser um pouco primitivos. Os instrumentos básicos de que dependemos devem ser os olhos para observar e o cérebro para analisar. As informações que nos são transmitidas por vários veículos de comunicação são apenas pequenos componentes de nossa conexão com o contexto. É fácil nos encantarmos com os poderes que a tecnologia nos proporciona e vê-los como fins, não como meios. Quando isso acontece, mergulhamos no ambiente virtual, e o poder de nossos olhos e cérebro aos poucos se atrofia. Você deve ver o ambiente como uma entidade física e sentir as próprias conexões com o contexto como algo visceral. Se há algum instrumento pelo qual você deve se apaixonar é o cérebro humano – a mais admirável e espantosa ferramenta de processamento de informações já concebida no universo conhecido, cuja complexidade nem sequer começamos a sondar e cujos poderes dimensionais superam de longe, em sofisticação e utilidade, a mais avançada tecnologia.

2. Explore suas forças – Foco supremo

Muitos são os caminhos para a maestria, e se você for persistente certamente encontrará algum que lhe seja adequado. O principal elemento do processo, porém, é identificar as próprias forças mentais e psicológicas e trabalhar com elas. Ascender ao nível de maestria exige muitas horas de foco e prática. Não se chega lá se o trabalho não for fonte de alegria e se houver o tempo todo uma luta constante e exaustiva para superar as próprias insatisfações e deficiências. É preciso sondar profundamente o próprio interior e compreender as próprias forças e fraquezas, vantagens e desvantagens, com o máximo de realismo. Conhecendo as próprias forças, é possível explorá-las com extrema intensidade. Quando se parte nessa direção, ganha-se impulso. Sem o fardo das convenções, não se é tolhido pela necessidade de dominar habilidades que vão além das próprias inclinações. Dessa maneira, os poderes criativos e intuitivos aflorarão naturalmente.

Não se trata somente de uma questão de conhecer nossa Missão de Vida em profundidade, mas também de sentir nossas próprias formas de pensar e nossas perspectivas singulares. A empatia pelos animais e por certos tipos de pessoa talvez não pareça uma habilidade nem uma força intelectual, mas, na verdade, é. A empatia é de extrema importância no aprendizado e no conhecimento. Mesmo os cientistas, conhecidos pela objetividade, praticam uma espécie de pensamento em que se identificam momentaneamente com o tema. Outras qualidades, como a inclinação para formas de pensamento visuais, são vantagens relevantes, não desvantagens. O problema é que somos demasiado conformistas. Certas qualidades que nos distinguem não raro são ridicularizadas pelos outros, ou criticadas pelos professores. Pessoas dotadas de poderosa percepção visual costumam ser rotuladas como disléxicas, por exemplo. Em consequência desses julgamentos, podemos ver nossas forças como incapacidades e tentar contorná-las para nos encaixarmos no contexto. Mas qualquer coisa que seja típica de nossa compleição é exatamente o atributo em que devemos prestar mais atenção e que precisamos estudar com mais afinco na ascensão para a maestria. A maestria é como nadar – é muito difícil avançar quando criamos nossa própria resistência ou quando nos opomos à corrente. Conheça suas forças e explore-as ao máximo.

3. Transforme-se pela prática – A sensibilidade na ponta dos dedos

Em nossas atividades conscientes do dia a dia, em geral percebemos a segregação entre mente e corpo. Pensamos no corpo e em nossas atividades físicas. Os animais não sentem essa dicotomia. Quando começamos a aprender qualquer habilidade que tenha um componente físico, essa separação se torna ainda mais perceptível. Precisamos pensar nas várias ações envolvidas nos passos que devemos seguir. Temos consciência de nossa lentidão e de como o corpo responde de forma desajeitada. Em certos momentos, à medida que melhoramos, temos lampejos de como o processo poderia funcionar de forma diferente, de qual seria a sensação se praticássemos a habilidade com fluidez, sem a mente interferindo nos caminhos do corpo. Com esses lampejos, sabemos o que almejar. Se avançamos o suficiente com a prática, a habilidade se torna automática, e temos a impressão de que a mente e o corpo operam como um todo.

Se estamos aprendendo uma habilidade complexa, como pilotar um jato de combate, devemos dominar uma série de atividades simples, uma sobre a outra. Cada vez que uma habilidade se automatiza, a mente se libera para se concentrar na imediatamente superior. No fim do processo, quando não há mais habilidades simples para aprender, o cérebro assimilou uma quantidade incrível de informações, e todas foram internalizadas, como parte de nosso sistema nervoso. Toda a habilidade complexa agora está dentro de nós e na ponta dos dedos. Ainda pensamos, mas de maneira diferente – com o corpo e a mente unidos. Passamos por uma transformação. Agora, temos uma forma de inteligência que se aproxima do instinto animal, mas apenas em consequência de uma prática consciente, deliberada e prolongada.

Em nossa cultura, tendemos a subestimar a prática. Imaginamos que os grandes feitos ocorrem naturalmente – que são manifestações de genialidade ou de talentos superiores. Alcançar um alto nível de realização por meio da prática parece banal, pouco inspirador. Além disso, não queremos pensar nas 10 mil ou 20 mil horas que levam à maestria. Esses nossos valores são extremamente contraproducentes – encobrem o fato de que quase todo mundo pode atingir altos níveis de excelência por meio do esforço obstinado, algo que nos deveria incentivar. É hora de combater esse preconceito contra o esforço consciente e de encarar os poderes que conquistamos pela prática e pela disciplina como eminentemente inspiradores e até miraculosos.

A capacidade de dominar habilidades complexas mediante o desenvolvimento de conexões no cérebro é produto de milhões de anos de evolução e fonte de todos os nossos poderes materiais e culturais. Quando sentimos a possibilidade de união total da mente e do corpo nos primeiros estágios da prática, já estamos avançando rumo a esse poder. É a inclinação natural de nosso cérebro avançar nessa direção, aumentando seus poderes pela repetição. Desprezar essa inclinação natural é o cúmulo da loucura, levando a um mundo em que ninguém tem paciência para dominar habilidades complexas. Como pessoas, devemos resistir a essa tendência e venerar os poderes revolucionários que conquistamos pela prática intensa e focada.

4. Submeta-se aos outros – A perspectiva de dentro para fora

Digamos que estamos estudando uma cultura muito diferente da nossa. Para muitos pesquisadores em tais circunstâncias, a resposta natural é confiar nas habilidades e nos conceitos que aprenderam para efeitos de pesquisa. Isso significaria estudar o povo por trás dessa cultura o mais atentamente possível, tomando extensas notas e tentando enquadrar aquela cultura no arcabouço já constituído pelas teorias predominantes em linguística e antropologia. Agindo assim, esses pesquisadores seriam recompensados com artigos em periódicos de prestígio e com posições estáveis na academia. Mas, no final das contas, continuariam olhando de fora, e boa parte de suas conclusões seriam simplesmente confirmações do que já presumiam. Quantos elementos dessa cultura tão diferente da nossa passariam despercebidos!

Parte dessa predileção pela perspectiva externa decorre de um preconceito entre os cientistas. A condição de observador externo, muitos diriam, preserva nossa objetividade. Entretanto, que tipo de objetividade é essa quando a perspectiva do forasteiro está corrompida por tantas premissas e teorias pré-digeridas? Quanto mais não veríamos pelo lado de dentro, e participando dessa cultura distinta? Essa posição não nos corrompe com subjetividade. Os cientistas podem participar do lado de dentro e, ainda assim, reter a capacidade de raciocínio. O intuitivo e o racional, a perspectiva interna e a ciência podem coexistir.

O mesmo vale para qualquer grupo de pessoas que estamos tentando entender – o público, nossa audiência ou clientes. Por meio da exposição contínua às pessoas e ao tentar pensar como elas, passamos a compreender cada vez melhor seus pontos de vista, mas, para tanto, é necessário muito esforço. Nossa tendência natural é projetar no próximo nossos próprios sistemas de crenças e valores, sem nem mesmo termos consciência do processo. Na hora de estudar outra cultura, só pela capacidade de empatia e pela participação na vida de seus membros é que começamos a superar essas projeções naturais e chegamos à realidade de suas experiências. Para isso, precisamos superar nosso grande medo do outro e aprender seus hábitos. Devemos entrar em seus sistemas de crenças e valores, em seus mitos norteadores e em suas maneiras de ver o mundo. Aos poucos, as lentes deformadoras através das quais os vimos pela primeira vez tornam-se menos corruptoras. Ao nos aprofundarmos na alteridade e ao cultivarmos a empatia, descobriremos o que os faz diferentes e vislumbraremos sua realidade. Essa habilidade de compreender de dentro para fora é uma parte essencial da maestria.

5. Sintetize todas as formas de conhecimento – Homem/Mulher Universal

Na Renascença, o ideal era se tornar o Homem Universal – alguém tão impregnado de todas as formas de conhecimento que sua mente se torna mais próxima da natureza em si e desvenda segredos imperceptíveis para a maioria das pessoas. Hoje, talvez se considere esse ideal de unificar o conhecimento como nada mais que um sonho do Romantismo, uma relíquia pitoresca do passado, mas, na verdade, o oposto é verdadeiro, e por uma razão simples: a compleição do cérebro humano – sua necessidade intrínseca de estabelecer conexões e associações – confere-lhe vontade própria. Ainda que sua evolução se caracterize por desvios e reviravoltas na história, o desejo de se conectar acabará prevalecendo no final, por ser uma parte tão poderosa de nossa natureza e inclinação. Hoje, recursos tecnológicos oferecem meios sem precedentes de estabelecer ligações entre disciplinas e ideias. As barreiras artificiais entre artes e ciências se derreterão sob o calor do anseio de compreender e expressar nossa realidade comum. Nossas ideias se aproximarão da natureza, mais vivas e orgânicas. De todas as maneiras possíveis, você deve se esforçar para ser parte desse processo de universalização, estendendo seu próprio conhecimento para outros ramos, cada vez mais diversificados. As ideias fecundas que brotarão dessa busca lhe proporcionarão as maiores recompensas.

CONHEÇA ALGUNS DESTAQUES DE NOSSO CATÁLOGO

- Augusto Cury: Você é insubstituível (2,8 milhões de livros vendidos), Nunca desista de seus sonhos (2,7 milhões de livros vendidos) e O médico da emoção
- Dale Carnegie: Como fazer amigos e influenciar pessoas (16 milhões de livros vendidos) e Como evitar preocupações e começar a viver
- Brené Brown: A coragem de ser imperfeito – Como aceitar a própria vulnerabilidade e vencer a vergonha (600 mil livros vendidos)
- T. Harv Eker: Os segredos da mente milionária (2 milhões de livros vendidos)
- Gustavo Cerbasi: Casais inteligentes enriquecem juntos (1,2 milhão de livros vendidos) e Como organizar sua vida financeira
- Greg McKeown: Essencialismo – A disciplinada busca por menos (400 mil livros vendidos) e Sem esforço – Torne mais fácil o que é mais importante
- Haemin Sunim: As coisas que você só vê quando desacelera (450 mil livros vendidos) e Amor pelas coisas imperfeitas
- Ana Claudia Quintana Arantes: A morte é um dia que vale a pena viver (400 mil livros vendidos) e Pra vida toda valer a pena viver
- Ichiro Kishimi e Fumitake Koga: A coragem de não agradar – Como se libertar da opinião dos outros (200 mil livros vendidos)
- Simon Sinek: Comece pelo porquê (200 mil livros vendidos) e O jogo infinito
- Robert B. Cialdini: As armas da persuasão (350 mil livros vendidos)
- Eckhart Tolle: O poder do agora (1,2 milhão de livros vendidos)
- Edith Eva Eger: A bailarina de Auschwitz (600 mil livros vendidos)
- Cristina Núñez Pereira e Rafael R. Valcárcel: Emocionário – Um guia lúdico para lidar com as emoções (800 mil livros vendidos)
- Nizan Guanaes e Arthur Guerra: Você aguenta ser feliz? – Como cuidar da saúde mental e física para ter qualidade de vida
- Suhas Kshirsagar: Mude seus horários, mude sua vida – Como usar o relógio biológico para perder peso, reduzir o estresse e ter mais saúde e energia

sextante.com.br